Penelopy Tuller Oliveira Freitas
Gustavo Tuller Oliveira Freitas

IA, INSALUBRIDADE E RISCOS

Brasil e Flórida em Foco

WA LN

WASHINGTON
& LINCOLN
UNIVERSITY
PRESS

Publisher: Washington & Lincoln University Press
First edition: FEBRUARY 2026 (Revision 1.0)

Authors: Penelopy Tuller Oliveira Freitas; Gustavo Tuller Oliveira Freitas.
Title: IA, Insalubridade e Riscos Brasil e Flórida em Foco
Cover design: Washington & Lincoln University Press
Book design: Washington & Lincoln University Press
Review: Washington & Lincoln University Press

E-book format: EPUB
Print format: Print format: Paperback- 6 x 9 inch

ISBN: 978-1-966958-36-9 (Print - Paperback)
ISBN: 978-1-966958-35-2 (e-book – EPUB)

Washington & Lincoln University Press is a division of Washington & Lincoln University, Inc.
Orlando, FL, USA
https://press.walnuniversity.com • https://walnuniversity.com

WASHINGTON
& LINCOLN
UNIVERSITY
PRESS

Editora: Washington & Lincoln University Press
Primeira edição: fevereiro 2026 (Revisão 1.0)

Autores: Penelopy Tuller Oliveira Freitas; Gustavo Tuller Oliveira Freitas.
Título: IA, Insalubridade e Riscos Brasil e Flórida em Foco
Design da capa: Washington & Lincoln University Press
Projeto gráfico: Washington & Lincoln University Press
Revisão: Washington & Lincoln University Press

Formato e-book: EPUB
Formato impresso: Capa mole - 6 x 9 polegadas

ISBN: 978-1-966958-36-9 (Impresso – capa mole)
ISBN: 978-1-966958-35-2 (e-book – EPUB)

Washington & Lincoln University e WALN University são marcas registradas da Washington & Lincoln University, Inc.
Washington & Lincoln University Press é uma divisão da Washington & Lincoln University, Inc.
Orlando, FL, USA
https://press.walnuniversity.com • https://walnuniversity.com

AGRADECIMENTOS

A Deus, por Seu amor, bondade e fidelidade. Por permitir que eu viva as Suas promessas. Senhor e Salvador da minha vida. "Grandes coisas fez o Senhor por nós, pelas quais estamos alegres". Salmos 126:3 Obrigada por tudo, Jesus!

Aos meus pais, que amo muito, Azemir e Sandra, minha eterna gratidão. Vocês me ensinaram, com seus exemplos de força, dedicação e fé, a trabalhar com afinco, a sonhar e a nunca desistir diante das dificuldades. Também estiveram comigo em toda a minha trajetória. Obrigada por orarem por mim desde sempre. Vocês são maravilhosos. Amo vocês mais que palavras podem expressar.

Ao meu irmão Gustavo, meu grande amigo e coautor deste livro, minha admiração, amor, carinho e gratidão. Sua vida é um presente para mim. Obrigada por existir e tornar tudo mais feliz. Te amo profundamente.

Ao meu amor e marido, Eduardo. Obrigada por seu amor e dedicação. Obrigada pela parceria de vida. Nossa história é a mais linda que conheço, escrita por Deus. Obrigada por orar incessantemente pela minha vida e nossa linda família. Te amo. Que bom que temos um ao outro e nosso lindo filhinho. Deus é bom demais.

Ao meu filho Isaac, meu maior presente, filho da promessa e motivo do meu sorriso. Como consta em Gênesis 21:6: "Deus me encheu de riso, e todos os que souberem disso rirão comigo." Você é minha maior bênção, tudo com você é muito feliz. Obrigada, meu amor, por incentivar e vibrar com a mamãe. Amei saber que você pretende levar esse livro para o café literário do seu Colégio, você é realmente especial. Amo muito você, meu filhinho.

A Noemia Pereira, minha eterna gratidão. Suas orações foram essenciais na minha vida. Você é uma pessoa preciosa e uma verdadeira bênção. Te amo.

A Lauro e Rose, pela parceria de longa data, desde os meus primeiros passos na Advocacia e no Direito, há quase trinta anos. Amo vocês, obrigada por tudo.

A Jose Carlos e Ivani, Leme e Anna, Paulo Piris e Marlene, Vandir e Cathi, Douglas e Fabi, Divo, Lúcia, Marite, Ricardo Massignam — vocês são pessoas muito especiais, moram em meu coração e fazem parte da minha trajetória de uma forma única. Minha gratidão por tudo o que fizeram por mim. Vocês são um presente de Deus na minha vida. Obrigada queridos.

Aos amigos, profissionais e clientes do Tuller Freitas Advocacia, minha segunda casa, com certeza, e a todos que ali passaram, vocês são muito especiais.

A Camila Jacobs, Alfredo, Francisco e professores da Washington & Lincoln University, profissionais que admiro profundamente. Vocês marcaram minha trajetória com seus exemplos de profissionalismo, dedicação, ética e talento. Muito obrigada por suas contribuições e por fazerem parte deste momento tão especial para mim.

A todos os professores que tive em toda a minha trajetória. Minha gratidão pelos ensinamentos e exemplos.

Aos meus queridos da Igreja Cristo Água da Vida, em Curitiba, amo vocês. Aos meus familiares, minha sogra, muito obrigada, amo vocês.

A todos que, de alguma forma, contribuíram para a realização deste momento, minha gratidão sincera. Este livro é resultado de esforços, orações, apoio e amor de muitas pessoas queridas. Que Deus abençoe abundantemente a cada um de vocês, concedendo-lhes paz, saúde, sucesso e muitas realizações.

Penelopy Tuller Oliveira Freitas

Obrigado, Deus, por me guiar silenciosamente por meus caminhos profissionais, fazendo-me acreditar em milagres quando tudo era adversidade. Obrigado a meus pais, sempre tão esforçados e dedicados a nos dar o melhor, na maioria das vezes tirando de si próprios, eu amo vocês demais. Obrigado à minha irmã, Penelopy, a melhor advogada que conheço, por me ensinar a advogar desde o estágio, quando eu contava com apenas 17 anos de idade, me ensinando sobre determinação ("Gustavo, a parte contrária já tem advogado, encontre uma saída"), por me deixar sair de seu escritório em 2010 e por me convidar a voltar em 2018, quando achei que minha vida havia desmoronado para sempre. Por me oferecer uma sala muito feia, para que eu também aprendesse sobre humildade e sobre economia, para adquirir nosso lindo escritório, eu amo o nosso cantinho, irmã, você é incrível. Obrigado, Amanda, minha irmã do coração, que se uniu a mim ainda na faculdade de Direito, em 2004, quando éramos nada, me ensinando sobre autoaceitação e frescura para comida. Obrigado por me emprestar seu cartão de crédito tantas vezes, quando dinheiro era um problema. Obrigado por me avisar sobre as inscrições para o processo seletivo de Advogado Instrutor da OAB/PR em 2011, função que eu exerceria por 3 anos antes de ser promovido a Gestor do TED/PR, por outros 4 anos, você mudou minha vida. Obrigado por aceitar trabalhar comigo no escritório desde 2022 e por enriquecer nossas teses (e criar novas), com sua mente potente, seu capricho peculiar e zelo, você é maravilhosa, eu te amo muito. Obrigado Eduardo Mecenas, meu cunhado, irmão de coração e pastor, por tantas orações, revelações e palhaçadas. Por me ensinar sobre paciência, mansidão e fé (embora eu não tenha aprendido muito, mas você ensinou). Obrigado também por ser o pai do meu sobrinho lindo, Isaac, o rapazinho mais engraçado e inteligente que o planeta Terra já viu. Obrigado, Mônica, minha irmãzinha de coração caçula, por aliviar a pressão nos dias difíceis com seu coração imenso, bondade, riso fácil e otimismo, sempre mentindo para mim sobre o quão maravilhoso eu supostamente sou e até por me ajudar em minha mudança, episódio em que alguns pertences caíram da caminhonete em movimento, inspirando a frase "tem dias que a gente ganha e dias que a gente perde e hoje nós não pararemos na BR para sofrer a humilhação de buscar essas porcarias que voaram". Obrigado à minha amiga Géssika, advogada de oratória potente e piadas na ponta da língua, por sempre ser uma companhia divertida, por me contagiar com sua autoestima maravilhosa, não vivemos sem você. Obrigado aos colaboradores do TED/PR (2014 a 2018), que se colocaram ao meu lado como guerreiros na árdua tarefa de migrar os processos físicos do TED a eletrônicos e por comemorarem comigo, 2 anos após o início desse processo doloroso, o resultado de nossa gestão, quando havíamos finalizado 70% dos processos em trâmite, graças à otimização dos trabalhos e esforço de todos. Obrigado ao Dr. Odair Moreschi, à época Corregedor-Geral da OAB/PR, responsável pelo choque de realidade que todos precisávamos receber naquele momento. Pelos ensinamentos duros sobre praticidade, efetividade, celeridade e por me forçar a me tornar o maior estatístico que o TED/PR já viu. Você é um grande exemplo de caráter e profissional e, embora possa não saber, eu carrego sua imagem de professor até hoje em tudo o que faço. Obrigado à Dra. Thais Takahashi, minha maior e primeira incentivadora para, profissionalmente, defender os colegas advogados em processos disciplinares, por me mostrar que sou capaz, por confiar tarefas tão importantes a mim, por me ensinar que sempre podemos ir além, tenho muito orgulho e admiração por você. Obrigado a Marcelo Woitschecovsky, pelo apoio incondicional, e por vezes silencioso, nos momentos mais sombrios que vivi, eu devo muito a você e não esqueço um dia sequer de tudo o que fez por mim. Obrigado ao Dr. Davi, advogado, escritor, assessor (o menino não pára), por ter trabalhado conosco por vários anos, nos salvando dos dias difíceis com sua competência e rapidez, admiramos você demais. Obrigado à Dra. Giugliana Carta, essa enciclopédia em forma de advogada, linda, charmosa e divertida. Obrigado inicialmente pela parceria profissional, por acreditar e confiar em mim, por me ensinar que não preciso entrar em conflito com a parte adversa para ganhar, pois existe mediação (embora eu não sirva definitivamente para a tarefa em questão). Obrigado pela amizade dedicada, pela irmandade construída, sempre divertida e engraçada, mesmo nos dias mais improváveis. Perdidos em Manhattan com os pés machucados de tanto andar ou sentados em um bar ruim no Bacacheri, eu sei que vou me divertir e me inspirar só por estar ao seu lado, obrigado por sua luz e potência. Obrigado à minha PRF preferida (e a mais linda da instituição), Nilshely, pela amizade, pelos conselhos sóbrios e por atender ligações de madrugada, você é muito amada e é um grande privilégio tê-la sempre conosco. Obrigado à Dra. Gisele, advogada, nutricionista, pedagoga e parceira de viagens sem propósito. Obrigado por sempre estar lá por mim e por me divertir tanto. Obrigado à minha prima Paula, pela amizade, cafés, risadas e conselhos policiais. Obrigado à minha amiga Nanci e seu esposo Euclides, sempre me aconselhando como pais, mas dividindo experiências como amigos, eu amo vocês. Obrigado à minha psicóloga e analista, Dra. Áurea, por semanalmente me fazer enxergar a vida segundo a ótica mais saudável possível e por ser a minha quase-amiga, já que, segundo ela, analista e paciente não podem ser amigos. Obrigado à minha amiga e vizinha Karina, por sempre cuidar da minha casa e dos meus gatinhos quando estou fora, você é um presente. Obrigado à minha amiga e ajudante Geralda, por manter minha casa em condições de ser habitada e por estragar minha estatística anual do Spotify, ouvindo Alan e Aladin sem parar enquanto está lá. Obrigado aos meus gatinhos, Breno e Theo, que ainda não aprenderam a ler, mas precisam ser mencionados por todo o amor que dedicam a mim, já que não têm outra opção. Obrigado à minha grande amiga, Taylor Swift, que não sai lá de casa, por pensar como eu e expressar em palavras aquilo que não consigo. Obrigado aos amigos e clientes advogados, que confiaram em mim, apesar da quebra de padrão. E, por fim, obrigado a todos os que se colocaram contra mim na minha jornada, pois eu também devo minhas vitórias ao incentivo transverso de cada um de vocês, continuem me acompanhando.

Gustavo Tuller Oliveira Freitas

SUMÁRIO

SOBRE OS AUTORES

Penelopy Tuller Oliveira Freitas

Advogada Empresarial desde 2003. Sócia do Escritório Tuller Freitas Advocacia em Curitiba/PR. Mestranda em Direito dos Negócios e da Tecnologia - Risco e Compliance pela Washington & Lincoln University. Especialista em Direito Aplicado, Especialista em Gestão e Legislação Tributária, Especialista em Direito Desportivo e Teóloga.

Gustavo Tuller Oliveira Freitas

Advogado em matéria Ético Disciplinar e Empresarial desde 2009. Membro do Escritório Tuller Freitas Advocacia em Curitiba/PR. Especialista em Direito Público, Especialista em Direito Penal e Processual Penal. Autor e Coautor de artigos especialmente nas áreas Ético Disciplinar.

INTRODUÇÃO

A ascensão da Inteligência Artificial (IA) tem provocado transformações significativas nas estruturas produtivas e nas instituições sociais, com impactos diretos sobre as relações de trabalho e os modelos de gestão de riscos ocupacionais. Entre os diversos desafios enfrentados no âmbito laboral, destaca-se a insalubridade como fator histórico de adoecimento e de violação dos direitos fundamentais do trabalhador. Neste contexto, analisa-se nesta obra como a IA pode ser aplicada como instrumento de redução de ambientes insalubres, contribuindo para a proteção à saúde e à dignidade da pessoa humana no mundo do trabalho, diminuindo custos empresariais com o pagamento de adicional remuneratório previsto na legislação brasileira, antevendo riscos e contribuindo para decisões judiciais mais céleres. Ao mesmo tempo, alerta-se para os desafios éticos, jurídicos e sociais da automação.

A obra ainda analisa o sistema norte-americano de proteção à saúde do trabalhador utilizado no Estado da Flórida, que tem como marco central a edição do Occupational Safety and Health Act of 1970. Este rompeu com a lógica de proteção existente até então e estabeleceu uma política nacional orientada a garantir condições de trabalho seguras e saudáveis por meio de normas obrigatórias e fiscalização, estruturando os deveres dos empregadores e a prevenção de acidentes e doenças do trabalho nos Estados Unidos.

Com base em autores como Schwab (2016) e Harari (2018), compreende-se que a Quarta Revolução Industrial tem reposicionado a inteligência artificial como um elemento central na reconfiguração das relações humanas com a produção. Em particular, a substituição de tarefas insalubres por operações autônomas, algorítmicas e robotizadas representa não apenas um ganho de produtividade, mas também uma mudança na abordagem institucional da segurança e da saúde ocupacional. Souza (2022) argumenta que a maior incidência de acidentes de trabalho ocorre justamente em setores com menor grau de automação, o que reforça a importância da adoção de tecnologias inteligentes para a prevenção de riscos.

Nesse sentido, o presente estudo se ancora em uma abordagem argumentativo-descritiva para analisar os efeitos da IA na redução da insalubridade laboral, tendo como foco setores como a indústria de base, a mineração, a construção civil e os serviços de limpeza urbana, nos quais a exposição a agentes nocivos pode ocorrer. Tecnologias como sensores inteligentes, robôs autônomos e sistemas de monitoramento digital têm sido aplicadas para minimizar a presença humana em condições adversas, transformando o papel do trabalhador e do empregador frente à legislação trabalhista.

Esta obra também explora os reflexos da IA na esfera da Justiça do Trabalho Brasileira, com destaque para sua atuação em três frentes principais: a produção de provas periciais, a prevenção de litígios e a fiscalização remota das condições de trabalho. Neste ponto, destaca-se a contribuição de Ferreira (2022) que, ao analisar a experiência do sistema Victor no Supremo Tribunal Federal (Brasil), demonstra como a IA pode auxiliar na racionalização da atividade jurisdicional, filtrando demandas e otimizando a tramitação processual. Embora a pesquisa de Ferreira se concentre no âmbito constitucional, seus achados são transponíveis ao universo da Justiça do Trabalho, com as sobrecargas e necessidade de gestão eficiente.

Além disso, a utilização de IA na fiscalização das condições de insalubridade no Brasil pode representar um salto qualitativo no controle do cumprimento das normas de saúde e segurança. Sistemas de inspeção remota e de análise preditiva permitem identificar padrões de risco com antecedência, possibilitando a adoção de medidas corretivas antes da ocorrência de possíveis danos ao trabalhador. Dessa forma, a IA atua preventivamente, colaborando para a efetiva proteção do ambiente laboral.

Por fim, verifica-se que a IA, embora não substitua a necessidade de regulação e supervisão humana, constitui uma ferramenta essencial para a promoção de um ambiente de trabalho mais seguro e eficiente. O desafio reside na construção de um marco jurídico que reconheça os limites e as possibilidades da tecnologia, assegurando que a inovação ocorra em consonância com os princípios fundamentais do Direito do Trabalho e com a função social do emprego.

CONTEXTUALIZAÇÃO DO TEMA

O avanço acelerado da tecnologia, especialmente com a consolidação da Inteligência Artificial (IA), tem provocado transformações profundas em vários setores da sociedade com destaque para o mundo do trabalho. A Quarta Revolução Industrial, conforme aponta Schwab (2016), é caracterizada pela convergência de tecnologias digitais, físicas e biológicas, sendo a IA um dos pilares mais importantes desse processo. Nesse contexto, torna-se essencial analisar como a IA está reconfigurando o ambiente laboral e, de maneira particular, seu papel na redução de condições de insalubridade.

Historicamente, os ambientes insalubres sempre estiveram ligados à exposição a agentes físicos, químicos ou biológicos nocivos à saúde dos trabalhadores. Setores como mineração, construção civil, limpeza urbana e indústria de base concentram grande parte das atividades classificadas como insalubres. Segundo Souza (2022), "a elevada incidência de doenças ocupacionais nesses setores está relacionada à baixa integração de soluções tecnológicas que reduzam a exposição humana" (p.67). Assim, a aplicação de IA emerge como possibilidade concreta de intervenção positiva.

Com base nisso, diversas iniciativas têm sido implementadas globalmente com vistas a incorporar sistemas inteligentes aos processos produtivos. Robôs colaborativos, algoritmos preditivos, sensores automatizados e sistemas de tomada de decisão baseados em IA estão sendo utilizados para minimizar riscos e substituir a atuação humana em contextos de alta periculosidade. Harari (2018) enfatiza que "os algoritmos não apenas tomam decisões, mas aprendem com dados em tempo real, oferecendo respostas adaptativas e seguras" (p.132), o que os torna aliados na preservação da vida e da saúde no ambiente de trabalho.

Ao considerar a IA como ferramenta de gestão de riscos, é possível observar seu impacto direto na prevenção de condições insalubres. Em atividades como pintura industrial, demolição, coleta de lixo hospitalar e manipulação de materiais tóxicos, a substituição da presença humana por mecanismos automatizados tem gerado ganhos em eficiência e redução da morbidade ocupacional. Pagnanelli e Ravasio (2020) destacam que "a implementação de IA na indústria 4.0 deve ser pensada como eixo estruturante de saúde ocupacional" (p.47), o que reforça a relevância do tema.

Outro aspecto relevante é a relação entre IA e regulação do trabalho. A transformação digital não se limita à esfera produtiva; ela também alcança o sistema de justiça, especialmente a Justiça do Trabalho. Nesse âmbito, tecnologias baseadas em IA vêm sendo utilizadas para otimizar a gestão processual e facilitar a tomada de decisão. Ferreira (2022) analisa a experiência do Sistema Victor no âmbito do Supremo Tribunal Federal e afirma que "a inteligência artificial apresenta capacidade real de contribuir para a eficiência jurisdicional e a racionalização do acervo processual" (p.59).

Apesar de o Sistema Victor atuar no STF, sua lógica de funcionamento pode ser replicada na Justiça do Trabalho, notadamente na perícia técnica, na gestão de provas digitais e na fiscalização de condições de trabalho via monitoramento remoto. A possibilidade de utilizar IA para acompanhar ambientes laborais em tempo real permite uma atuação mais preventiva, descentralizada e eficiente na proteção contra riscos insalubres.

Ademais, o contexto pandêmico acelerou a adesão a tecnologias inteligentes em todos os setores, incluindo o jurídico e o trabalhista. A pandemia de COVID-19 expôs a necessidade de ferramentas que garantam a segurança dos trabalhadores, mesmo em condições adversas. A IA, ao permitir automação de tarefas essenciais, evitou a exposição de milhares de trabalhadores a ambientes contaminados, ilustrando seu potencial no enfrentamento de condições insalubres.

Nesse sentido, o presente trabalho parte do reconhecimento de que a IA deve ser analisada não apenas como uma ferramenta tecnológica, mas como um fenômeno social e jurídico. O modo como as tecnologias são introduzidas e regulamentadas afeta diretamente os direitos fundamentais dos trabalhadores. Como aponta Schwab (2016), "a tecnologia por si só não é neutra: seu impacto depende do contexto regulatório, político e cultural onde é implementada" (p. 93).

Com base nessa perspectiva, é urgente refletir sobre os marcos regulatórios que envolvem o uso de IA nos ambientes laborais e nas instituições jurídicas. A ausência de normatização específica sobre o uso de algoritmos na análise pericial pode comprometer a segurança jurídica.

Outro ponto que merece destaque é o potencial da IA para gerar dados relevantes sobre condições ambientais. Com sensores distribuídos em espaços industriais, é possível construir mapas de risco em tempo real, com informações sobre temperatura, umidade, presença de agentes tóxicos e vibrações. Tais dados podem auxiliar empresas a estruturar ambientes, bem como magistrados a fundamentar decisões judiciais, subsidiar auditorias e reforçar políticas públicas voltadas à prevenção de riscos.

Contudo, a incorporação da IA também impõe desafios éticos. A proteção de dados pessoais dos trabalhadores, a transparência dos algoritmos e a prevenção de vieses discriminatórios devem ser tratados com seriedade. A Lei Geral de Proteção de Dados (LGPD) estabelece diretrizes importantes para o uso responsável da informação em ambientes corporativos.

Por conseguinte, o debate sobre IA e insalubridade é também um debate sobre direitos humanos, inclusão e equidade no acesso à tecnologia. O uso da IA não pode aprofundar desigualdades já existentes ou justificar a substituição indiscriminada de trabalhadores por máquinas. É preciso assegurar que a inovação seja acompanhada de capacitação, educação e responsabilidade social.

Portanto, a contextualização do tema revela a urgência de um novo paradigma de análise das condições laborais, no qual a IA assume um papel central, mas não absoluto. Sua integração deve ocorrer de forma complementar ao trabalho humano, fortalecendo a proteção aos direitos sociais, auxiliando empresas e promovendo um ambiente de trabalho mais seguro.

Conforme Ferreira (2022), "a IA no Judiciário não elimina o juiz, mas redefine sua função e amplia sua capacidade de gestão da justiça" (p.61). A mesma lógica pode ser aplicada ao mundo do trabalho: a IA não substitui o trabalhador, mas redefine seu papel, amplia sua proteção e auxilia empresas, sobretudo na redução de ambientes insalubres.

Por fim, espera-se que esta obra contribua para o aprofundamento das discussões acerca da relação entre tecnologia e saúde ocupacional, incentivando a formulação de políticas públicas, regulações e decisões judiciais que promovam a dignidade do trabalho na era da inteligência artificial.

Além do panorama brasileiro, torna-se pertinente contextualizar a experiência dos Estados Unidos, com recorte na Flórida, como contraponto metodológico e normativo. Diferentemente do Brasil — em que a "insalubridade" possui sentido jurídico próprio, associado a adicional remuneratório e frequente judicialização —, o contexto norte-americano se organiza, em regra, por uma lógica de prevenção e conformidade, centrada em padrões técnicos de segurança e saúde ocupacional, fiscalização e responsabilização do empregador.

A RELEVÂNCIA DO TEMA NA ATUALIDADE

É necessário acompanhar as transformações que a Inteligência Artificial (IA) está provocando nas dinâmicas do trabalho, especialmente no tocante à saúde e à segurança ocupacional. Em um cenário global marcado pela digitalização de processos e automação inteligente, torna-se imprescindível investigar como essas tecnologias podem contribuir para reduzir a insalubridade em ambientes laborais, particularmente em setores historicamente expostos a riscos elevados. De acordo com Schwab (2016), a Quarta Revolução Industrial demanda uma reconfiguração das políticas públicas, da legislação e da cultura organizacional para que os ganhos tecnológicos se revertam em benefícios sociais concretos.

Considerando esse contexto, surge a necessidade de ampliar o debate acadêmico e institucional sobre a função preventiva da IA nas relações de trabalho. Embora haja ampla literatura sobre os impactos econômicos da automação, são escassos os estudos voltados especificamente à sua capacidade de promover ambientes de trabalho mais seguros. Como observa Souza (2022, p.72), "as discussões sobre inteligência artificial ainda se concentram excessivamente nos efeitos da substituição de postos de trabalho, negligenciando seu potencial como aliada na proteção da saúde ocupacional".

Ademais, a escolha pelo recorte temático envolvendo a insalubridade fundamenta-se na relevância social do tema. Dados do Observatório de Segurança e Saúde no Trabalho (2021) revelam que o Brasil registra uma média de mais de 500 mil acidentes de trabalho por ano, sendo que muitos decorrem da exposição a ambientes insalubres. Dessa forma, investigar soluções tecnológicas que possam contribuir para a mitigação desses riscos é uma exigência ética e política que ultrapassa o campo da inovação.

Outro fator que reforça a pertinência desta análise é o contexto da Justiça do Trabalho e sua relação com as novas tecnologias. A experiência do Sistema Victor no Supremo Tribunal Federal (STF), conforme analisado por Ferreira (2022), demonstra que a IA pode ser um instrumento valioso para a otimização da atividade jurisdicional. Segundo a autora, "o uso de algoritmos no Judiciário possibilita não apenas maior celeridade, mas também o aprimoramento da seleção das demandas relevantes" (Ferreira, 2022, p.59). Isso abre caminho para reflexões sobre como ferramentas similares podem ser adaptadas para o campo trabalhista.

Analisa-se os mecanismos em que a IA influencia as condições de trabalho. Trata-se de propor uma abordagem integrada entre Direito, Engenharia, Saúde e Tecnologia, a fim de elaborar diagnósticos e sugerir soluções para um problema real e persistente. Harari (2018) ressalta que "a história das revoluções tecnológicas é também a história dos conflitos sobre sua apropriação e regulação" (p.138), o que indica a necessidade de posicionamento crítico diante das inovações.

No plano prático, esta obra busca contribuir para o aprimoramento de políticas públicas voltadas à prevenção de riscos no trabalho. A implementação de sensores inteligentes, robôs autônomos e sistemas de monitoramento remoto pode, se bem regulada, servir de apoio à ação dos Ministérios Públicos, dos sindicatos e dos órgãos de fiscalização. Igualmente, contribuir para que as empresas possam estruturar ambientes salubres. Dessa forma, a IA não apenas substitui o olhar humano, mas o potencializa, ampliando sua capacidade de intervir e proteger.

Propõe-se caminhos normativos para uma regulação responsável da IA no ambiente de trabalho. Atualmente, a legislação brasileira ainda caminha a passos lentos em direção a uma normatização específica para essas ferramentas. Como lembra Schwab (2016), "a regulação precisa acompanhar o ritmo da inovação, sob pena de tornar-se irrelevante ou, pior, nociva" (p.121). O Direito do Trabalho, portanto, deve ser capaz de responder aos desafios tecnológicos com base em seus princípios fundantes.

Do ponto de vista acadêmico, o tema é interdisciplinar e instiga o diálogo entre saberes. Estudos como os de Pagnanelli e Ravasio (2020) já vêm explorando como a integração entre engenharia de produção, ergonomia e IA pode gerar ambientes mais seguros e eficientes. Contudo, há um espaço ainda pouco explorado para o Direito se colocar como mediador desse processo, construindo garantias para que a transição digital seja também uma transição protetiva.

Nesse mesmo sentido, é preciso considerar que o debate sobre insalubridade está intrinsecamente ligado à ideia de justiça social. É nos postos de trabalho mais insalubres que estão, em geral, os trabalhadores mais vulneráveis: com menor escolaridade, baixa remuneração e poucas oportunidades de mobilidade social. Oferecer a essas pessoas ambientes tecnologicamente mais seguros é uma forma de combate à desigualdade e de promoção da dignidade.

Aliado a isso, tem-se que a inclusão do recorte norte-americano, especialmente da Flórida, reforça a relevância contemporânea do tema por evidenciar que a discussão sobre insalubridade e saúde ocupacional ultrapassa fronteiras e dialoga com desafios globais: intensificação de riscos ambientais, reorganização produtiva, novas tecnologias de vigilância de ambiente laboral e necessidade de compliance em cadeias econômicas integradas.

A escolha pelo tema também dialoga com os Objetivos de Desenvolvimento Sustentável (ODS) da Agenda 2030 da ONU, em especial os objetivos 8 (trabalho decente e crescimento econômico) e 9 (indústria, inovação e infraestrutura). A IA pode ser um instrumento para que esses objetivos sejam alcançados, desde que empregada com responsabilidade e respeito aos direitos fundamentais.

A aplicação da IA, por sua vez, precisa ser acompanhada de processos de educação tecnológica e inclusão digital. Não basta instalar máquinas inteligentes em ambientes de trabalho; é preciso capacitar os trabalhadores para operá-las, interpretá-las e questioná-las. A formação é a chave para evitar que a tecnologia se torne uma nova forma de dominação.

A Justiça do Trabalho também pode se beneficiar diretamente das tecnologias baseadas em IA. Sistemas de triagem de processos, organização de jurisprudências, cruzamento de dados e predição de riscos jurídicos são ferramentas que podem trazer eficiência sem sacrificar os direitos das partes. Como observa Ferreira (2022, p.62), "a IA, quando corretamente utilizada, libera o julgador para as tarefas interpretativas mais complexas, otimizando o tempo e a qualidade das decisões".

Por essas razões, a análise é relevante tanto do ponto de vista teórico quanto prático. Ela pretende oferecer uma análise crítica sobre o papel da IA na promoção de ambientes laborais mais saudáveis, sem desconsiderar os riscos, os desafios regulatórios e os dilemas éticos que essa tecnologia impõe.

Por fim, espera-se que os resultados aqui apresentados sirvam de subsídio para a elaboração de políticas públicas, orientem decisões judiciais e inspirem novas pesquisas sobre o tema. O trabalho humano, ao ser resguardado por tecnologias inteligentes, reafirma sua centralidade no projeto de sociedade, mas também exige um novo olhar por parte do Direito e das instituições.

Assim, a IA não deve ser vista como fim em si mesma, mas como um meio de realização de direitos. Essa é a proposta desta obra: compreender como a inteligência artificial pode deixar de ser apenas uma promessa tecnológica e se tornar uma ferramenta concreta de justiça social e segurança laboral.

A PROBLEMÁTICA DA INSALUBRIDADE NO BRASIL E O USO DA INTELIGÊNCIA ARTIFICIAL (IA)

A insalubridade, compreendida como a exposição habitual a agentes nocivos à saúde no ambiente de trabalho, representa um dos mais persistentes desafios das relações laborais contemporâneas. Em um país como o Brasil, com altos índices de acidentes e doenças ocupacionais, a busca por soluções inovadoras para reduzir esses riscos é uma necessidade social urgente. Nesse contexto, a emergência da Inteligência Artificial (IA) como ferramenta capaz de automatizar processos, prever riscos e monitorar condições ambientais em tempo real tem gerado expectativas significativas sobre sua aplicação na promoção da saúde ocupacional.

Com base nessa premissa, o presente estudo se propõe a investigar de que modo a IA pode contribuir para a redução da insalubridade nos ambientes de trabalho, especialmente em setores como a construção civil, mineração, coleta urbana e indústria pesada. Conforme destaca Souza (2022), "a atuação da IA pode substituir o trabalhador em tarefas repetitivas e perigosas, diminuindo significativamente a exposição humana a agentes prejudiciais" (p.75). Essa perspectiva alinha-se ao entendimento de que a tecnologia não apenas melhora a produtividade, mas também pode atuar como aliada na garantia de direitos fundamentais.

Nesse sentido, a pesquisa também se orienta pela necessidade de compreender o impacto da IA no âmbito da Justiça do Trabalho no Brasil. A modernização do Poder Judiciário, especialmente por meio da utilização de sistemas inteligentes, tem sido uma resposta à crescente demanda por celeridade, eficiência e assertividade na resolução de conflitos. Ferreira (2022, p.59) analisa o uso do Sistema Victor no Supremo Tribunal Federal e afirma que "a aplicação da IA permite ao Judiciário lidar com grandes volumes de dados e identificar padrões decisórios, otimizando o trabalho humano".

Embora o Sistema Victor tenha sido desenvolvido para o STF, seu modelo pode ser replicado em âmbitos especializados como a Justiça do Trabalho, notadamente na análise de perícias técnicas, na organização de jurisprudências e no acompanhamento de condições laborais. A fiscalização de ambientes insalubres, por exemplo, poderia ser intensificada com o uso de sensores inteligentes e plataformas analíticas capazes de registrar desvios de temperatura, umidade, ruídos e presença de agentes tóxicos, auxiliando as empresas quanto a estruturação de ambientes salubres, bem como emitindo alertas automáticos aos responsáveis e a órgãos fiscalizadores.

Contudo, é preciso reconhecer que a incorporação da IA no mundo do trabalho também levanta questões éticas, jurídicas e institucionais relevantes. A substituição de mão de obra humana por máquinas deve ser acompanhada de políticas de requalificação profissional, sob pena de aprofundar a exclusão social e acentuar desigualdades. Harari (2018) alerta que "a automação pode gerar uma nova classe social: a dos descartáveis, que perderam seu valor econômico" (p.140).

A pesquisa também problematiza o fato de que não há, até o momento, um marco legal claro e abrangente que regulamente o uso da IA em ambientes laborais. Tal ausência compromete a segurança jurídica e abre margem para a exploração indiscriminada das tecnologias, inclusive em detrimento dos direitos dos trabalhadores. Segundo Schwab (2016), "a regulação é tão importante quanto a inovação; sem ela, a tecnologia pode ser mal utilizada ou monopolizada" (p. 93).

Essa pergunta está ancorada na necessidade de compreender a relação entre tecnologia, regulação, bem-estar do trabalhador e auxílio às empresas. Não se trata apenas de avaliar a eficiência operacional da IA, mas de investigar seu potencial transformador na estruturação de um ambiente de trabalho mais humano, justo e seguro. A pesquisa busca, portanto, superar a visão meramente instrumental da tecnologia.

Ao abordar o impacto da IA na Justiça do Trabalho, também se pretende explorar o papel do Judiciário como agente de inovação social. A capacidade de integrar dados, prever litígios, agilizar a tramitação processual e subsidiar decisões com base em evidências empíricas posiciona a IA como ferramenta estratégica na promoção da justiça social.

Nesse sentido, um dos objetivos secundários desta pesquisa é compreender como a IA pode colaborar com a atuação do Ministério Público do Trabalho e da Inspeção do Trabalho na identificação de condições insalubres no Brasil, antes mesmo da ocorrência de danos à saúde do trabalhador. Isso exige, evidentemente, investimentos em infraestrutura tecnológica e formação técnica das equipes envolvidas.

Além disso, é fundamental discutir os critérios de admissibilidade de provas obtidas por IA nos processos trabalhistas. A cadeia de custódia dos dados, a auditabilidade dos algoritmos e a proteção da privacidade dos trabalhadores são elementos que precisam ser cuidadosamente analisados. A Lei Geral de Proteção de Dados (Lei nº 13.709/2018) oferece um arcabouço inicial, mas ainda há lacunas a serem preenchidas.

Outro ponto importante é a necessidade de compatibilizar o uso da IA com os princípios basilares do Direito do Trabalho, como a dignidade da pessoa humana, a valorização do trabalho e a função social da empresa. Esses princípios não podem ser relativizados em nome da inovação tecnológica. Como salienta Ferreira (2022, p.60), "a inteligência artificial não pode se transformar em uma nova forma de desigualdade, mas deve ser compreendida como mecanismo de justiça e equidade".

Esta obra também dialoga com a urgência de uma atuação preventiva e não apenas reparatória por parte do sistema jurídico. A IA, com sua capacidade de análise preditiva, permite o deslocamento do foco da punição para a prevenção, o que pode resultar em ambientes de trabalho mais saudáveis e em uma redução do contencioso judicial trabalhista.

Por fim, visa-se a construção de caminhos que promovam o uso ético, inclusivo e eficiente da IA no mundo do trabalho. Não apenas compreender os limites e as potencialidades da tecnologia, mas também subsidiar a formulação de políticas públicas e diretrizes normativas que garantam o respeito aos direitos sociais, a proteção integral da saúde dos trabalhadores bem como auxiliar as empresas na estruturação de ambientes salubres.

A Inteligência Artificial (IA), quando aplicada de forma ética e regulamentada, tem o potencial de reduzir significativamente a insalubridade no ambiente de trabalho, especialmente em setores de maior vulnerabilidade ocupacional, como a mineração, a construção civil, a indústria pesada e os serviços de limpeza urbana. Essa suposição se fundamenta na capacidade dos sistemas de IA de substituir o trabalho humano em tarefas repetitivas, perigosas ou insalubres, além de monitorar variáveis ambientais e antecipar situações de risco. Conforme Schwab (2016, p. 104), "a automação inteligente será a chave para ambientes industriais mais limpos, eficientes e seguros".

De forma complementar, formula-se a hipótese de que a IA, ao ser integrada às práticas da Justiça do Trabalho, pode aprimorar os mecanismos de fiscalização, prevenção e resolução de litígios envolvendo condições laborais insalubres. Ferramentas como sensores conectados, algoritmos preditivos e sistemas de análise de dados podem fornecer à justiça elementos objetivos para subsidiar decisões e orientar políticas públicas. Segundo Ferreira (2022, p.61), "a IA pode auxiliar na detecção precoce de violações trabalhistas, auxiliar as empresas na estruturação de ambientes salubres, contribuindo para uma atuação judicial mais proativa e resolutiva".

Nesse sentido, uma terceira hipótese diz respeito à possibilidade de a IA contribuir para a racionalização do contencioso trabalhista, especialmente nas demandas relacionadas à insalubridade e periculosidade. Atualmente, muitos litígios decorrem da dificuldade de se comprovar as condições de trabalho, o que poderia ser mitigado com o uso de tecnologias de captação e registro contínuo de dados ambientais. Como salienta Souza (2022), "a inteligência artificial permite uma nova forma de produção e análise de provas, mais precisa e menos subjetiva" (p.79).

Outra hipótese relevante refere-se ao impacto da IA na transformação da cultura organizacional das empresas. Parte-se da ideia de que a adoção de tecnologias inteligentes, quando acompanhada de diretrizes éticas e de formação técnica adequada, pode induzir a uma mudança de paradigma na gestão da saúde e segurança do trabalho. Harari (2018) argumenta que "as tecnologias não apenas mudam o que fazemos, mas alteram a maneira como pensamos e nos relacionamos com o mundo" (p.144), o que sugere um efeito indireto da IA na valorização da vida laboral. Além disso, analisa-se como a IA pode reduzir ou eliminar ambientes insalubres, diminuir custos empresariais com o pagamento de adicional remuneratório previsto na legislação brasileira, antever riscos, e contribuir para decisões judiciais mais céleres.

Também se levanta a hipótese de que o uso de IA pode tornar a atuação da fiscalização do trabalho mais eficiente, sobretudo diante da limitação de recursos humanos e materiais dos órgãos públicos. Por meio da automação de processos de inspeção e da coleta sistemática de dados, seria possível ampliar a cobertura e a efetividade das ações de controle, bem como auxiliar as empresas na estruturação de ambientes salubres. Pagnanelli e Ravasio (2020) destacam que "a convergência entre IA e engenharia de segurança é promissora para a antecipação de riscos ocupacionais e para o desenho de ambientes laborais mais protetivos" (p.52).

No âmbito do Judiciário, sustenta-se ainda a hipótese de que a IA pode auxiliar na análise preditiva de demandas, permitindo que tribunais identifiquem padrões de reincidência de violações e estabeleçam estratégias preventivas. Isso implicaria uma transição da justiça reativa para uma justiça preditiva e educadora, alinhada com os princípios constitucionais de prevenção e dignidade da pessoa humana.

Outrossim, aventa-se a hipótese de que a integração entre IA e as bases de dados da Justiça do Trabalho pode contribuir para a construção de diagnósticos setoriais sobre insalubridade, informando políticas públicas e ações fiscalizatórias mais focadas, bem como auxiliar as empresas na estruturação de ambientes salubres. Como sugere Ferreira (2022, p.63), "os algoritmos, ao cruzarem informações de processos, perícias e laudos, geram conhecimento estratégico para a promoção de ambientes mais saudáveis".

A IA pode colaborar na construção de provas técnicas mais robustas, reduzindo a judicialização excessiva de questões periciais e tornando o processo mais célere e eficiente. A confiabilidade dos dados coletados por sensores inteligentes, aliada à rastreabilidade dos algoritmos utilizados, reforça a credibilidade das evidências apresentadas. Levanta-se a hipótese de que a IA pode auxiliar as empresas na estruturação de ambientes salubres e fomentar a responsabilização objetiva das empresas em relação às condições insalubres, uma vez que a tecnologia permite a geração contínua de registros sobre o ambiente laboral, dificultando a alegação de desconhecimento ou de imprevisibilidade quanto à exposição a agentes nocivos.

Outro ponto hipotético a ser considerado é a possibilidade de que a IA estimule a revisão dos parâmetros normativos de insalubridade, atualmente baseados em medições pontuais e em tabelas fixas. A inteligência artificial, ao permitir medições em tempo real e análises multivariadas, pode induzir uma atualização mais precisa e dinâmica da legislação. Da mesma forma, formula-se a hipótese de que a IA, ao ser utilizada na análise de dados epidemiológicos sobre doenças ocupacionais, pode antecipar tendências e orientar políticas de saúde do trabalhador mais eficazes, promovendo a intersetorialidade entre o direito, a saúde pública e a engenharia.

Considera-se a hipótese de que a IA pode contribuir para a promoção de justiça intergeracional, ao proteger trabalhadores mais jovens de ambientes insalubres e ao preservar sua capacidade laborativa no longo prazo. Isso atende aos princípios de sustentabilidade e prevenção previstos na Constituição Federal e nos tratados internacionais dos quais o Brasil é signatário. A hipótese de que a IA, ao ser aplicada com transparência e sob governança pública, pode reforçar a confiança social nas instituições, uma vez que seus resultados, sendo auditáveis e passíveis de revisão, conferem objetividade e imparcialidade às decisões judiciais e administrativas.

Outra hipótese relevante é a de que a IA pode promover maior igualdade de acesso à justiça. A tecnologia pode atuar como redutora das assimetrias processuais. A presente investigação também parte da hipótese de que o uso da IA pode influenciar positivamente a construção de jurisprudências mais uniformes sobre insalubridade, reduzindo decisões contraditórias e aumentando a previsibilidade do sistema judicial trabalhista. Ainda, propõe-se a hipótese de que a IA pode estimular o desenvolvimento de novas competências profissionais, exigindo dos operadores do direito e das instituições de fiscalização a incorporação de conhecimentos em ciência de dados, estatística e segurança digital.

No plano político-institucional, defende-se a hipótese de que a adoção da IA em questões de insalubridade pode fortalecer a legitimidade da Justiça do Trabalho perante a sociedade, ao demonstrar sua capacidade de inovação e resposta efetiva aos desafios contemporâneos. Outra hipótese correlata é a de que a IA pode favorecer a integração entre Justiça do Trabalho, Ministério Público do Trabalho e agências reguladoras, por meio do compartilhamento de dados e da construção de plataformas colaborativas para o enfrentamento da insalubridade.

Por fim, acredita-se que a IA pode ampliar o conceito de trabalho decente, ao não apenas preservar a vida e a saúde do trabalhador, mas também ao contribuir para ambientes laborais mais inteligentes, autônomos e humanizados, em consonância com os Objetivos do Desenvolvimento Sustentável da ONU. Diante dessas hipóteses, nesta obra, analisa-se os limites, as possibilidades e os impactos da inteligência artificial na construção de uma nova cultura de prevenção de riscos no mundo do trabalho, articulando inovação tecnológica, regulação jurídica e justiça social.

FUNDAMENTOS DA INSALUBRIDADE NO DIREITO DO TRABALHO

CONCEITO DE INSALUBRIDADE E SUA EVOLUÇÃO HISTÓRICA

A insalubridade, enquanto instituto jurídico trabalhista, constitui uma categoria voltada à proteção do trabalhador exposto a condições adversas à sua saúde e segurança, a qual deriva do termo latino insalubris, que remete àquilo que prejudica a saúde. Em sentido jurídico, refere-se às atividades laborais que impõem ao empregado contato habitual com agentes físicos, químicos ou biológicos capazes de produzir danos à integridade física ou mental, quando ultrapassados os limites de tolerância previstos em normas técnicas (Delgado, 2020).

No Brasil, a base legal para o reconhecimento da insalubridade encontra-se no artigo 189 da Consolidação das Leis do Trabalho (CLT), que estabelece como tal "as atividades que, por sua natureza, condições ou métodos de trabalho, exponham os empregados a agentes nocivos à saúde, acima dos limites de tolerância fixados". Assim, o conceito jurídico de insalubridade é eminentemente técnico e deve ser verificado por perícia especializada, a fim de garantir objetividade na concessão do respectivo adicional (Brasil, 1943).

A construção histórica da noção de insalubridade está diretamente ligada ao surgimento do trabalho assalariado nas grandes cidades industriais do século XIX, uma vez que, durante a Revolução Industrial, trabalhadores eram submetidos a jornadas exaustivas, ambientes fechados, exposição a calor, ruído, substâncias tóxicas e ausência de ventilação. Tais condições resultavam em doenças ocupacionais diversas, como pneumoconioses, intoxicações crônicas e lesões físicas (Dejours, 2011).

A princípio, a relação entre trabalho e adoecimento era tratada de maneira empírica, sem regulamentação estatal. O crescimento das lutas operárias originou as primeiras legislações trabalhistas na Europa, como a Lei das Fábricas na Inglaterra (Factory Acts), que já previam limitações ao trabalho em ambientes insalubres, cujo contexto influenciou o surgimento do direito do trabalho como ramo autônomo e protetivo (Antunes, 2020).

No Brasil, o reconhecimento das doenças ocupacionais e da insalubridade como objeto de tutela jurídica começou a se delinear nas décadas de 1930 e 1940, especialmente com a criação do Ministério do Trabalho e a promulgação da CLT em 1943. Embora a CLT já mencionasse a insalubridade, a ausência de parâmetros técnicos dificultava sua aplicação efetiva, sendo a perícia judicial um dos únicos meios de apuração (Brasil, 1943).

Somente com a publicação da Portaria nº 3.214/78 do Ministério do Trabalho é que se consolidou um sistema normativo robusto para a caracterização técnica da insalubridade, cuja portaria instituiu as Normas Regulamentadoras, em especial a NR-15, que trata especificamente das atividades e operações insalubres, estipulando limites de tolerância para diversos agentes e estabelecendo os critérios de avaliação pericial (Brasil, 1978).

A evolução do conceito de insalubridade está intimamente vinculada ao avanço das ciências médicas e da engenharia de segurança, sendo que a medicina do trabalho e a higiene ocupacional passaram a oferecer subsídios técnicos para a identificação dos riscos à saúde nos ambientes laborais. Conforme Schiavi (2022), o direito passou a incorporar esses saberes para assegurar decisões mais objetivas e respaldadas tecnicamente.

A partir da Constituição Federal de 1988, a proteção à saúde do trabalhador ganhou novo patamar jurídico, sendo elevada à categoria de direito fundamental e, desta forma, o artigo 7º, inciso XXII, passou a consagrar a "redução dos riscos inerentes ao trabalho" como dever do empregador, o que inclui o enfrentamento das condições insalubres por meio de medidas preventivas, engenharia de proteção e fornecimento de equipamentos adequados (Brasil, 1988).

Com o passar dos anos, a concepção de insalubridade deixou de se restringir aos riscos físicos visíveis e passou a incorporar agentes químicos invisíveis, micro-organismos e, mais recentemente, fatores psicossociais. Doenças como o burnout, a síndrome do pânico e a depressão relacionada ao ambiente de trabalho têm sido progressivamente reconhecidas como formas de adoecimento laboral em contextos insalubres (OMS, 2022).

Essa ampliação do conceito impõe ao direito do trabalho o desafio de adaptar-se a novas formas de precarização, e a intensificação do ritmo de trabalho, a fragmentação das jornadas e o uso abusivo de tecnologias de controle estão entre os fatores que, embora não químicos ou biológicos, impactam diretamente a saúde do trabalhador e devem ser considerados na reformulação das normas de proteção (Antunes, 2018).

A evolução histórica da insalubridade também reflete transformações culturais no modo como se percebe o valor do trabalho humano, pois, inicialmente vista como um ônus aceitável em nome do progresso econômico, a exposição a riscos passou a ser questionada em nome da dignidade da pessoa humana e da função social do trabalho, princípios consagrados na ordem constitucional vigente (Brasil, 1988).

O reconhecimento da insalubridade como fator de desigualdade estrutural nas relações de trabalho levou à formulação de políticas públicas voltadas à fiscalização, como a atuação dos auditores fiscais do trabalho, e à adoção de medidas preventivas obrigatórias pelas empresas e, desta forma, programas como o PGR (Programa de Gerenciamento de Riscos) e a CIPA (Comissão Interna de Prevenção de Acidentes) são desdobramentos dessa trajetória (MPT, 2022).

Do ponto de vista jurídico, a evolução do instituto da insalubridade consolidou o direito à percepção do adicional respectivo, com natureza salarial, incidência em férias, 13º salário, FGTS e reflexos previdenciários. A súmula 139 do TST reconhece expressamente a repercussão do adicional de insalubridade nas demais verbas trabalhistas, o que reafirma sua importância no ordenamento jurídico (TST, 2023).

Levando-se em consideração o exposto, tem-se que o conceito de insalubridade no mundo do trabalho é juridicamente definido como a exposição do trabalhador a agentes nocivos à saúde acima dos limites de tolerância estabelecidos em normas regulamentadoras. No ordenamento jurídico brasileiro, a insalubridade é regulamentada principalmente pela Norma Regulamentadora nº 15 do Ministério do Trabalho e Emprego (MTE), que estabelece os critérios técnicos para a caracterização das condições insalubres.

Segundo Souza (2022, p. 77), "a insalubridade está diretamente relacionada à intensidade, à frequência e à duração da exposição a agentes físicos, químicos ou biológicos que ultrapassem os parâmetros definidos pela ciência da higiene ocupacional". Assim, a definição jurídica da insalubridade repousa sobre bases técnicas que requerem aferição pericial, envolvendo medições ambientais e análises laboratoriais específicas.

Nessa seara, ao dar continuidade ao debate, torna-se imprescindível destacar que o conceito de insalubridade não é fixo, mas evolui de acordo com os avanços científicos e as transformações do processo produtivo, o que implica que as normas devem ser continuamente revisadas para refletir a realidade do mundo do trabalho. Ferreira (2022, p.61) argumenta que "as transformações tecnológicas impõem uma reavaliação constante dos parâmetros normativos, para que o direito à saúde do trabalhador não seja esvaziado pela obsolescência das normas técnicas". Tal observação está alinhada à crítica de Souza (2022), que ressalta que a ausência de atualização periódica das NRs pode levar à naturalização da insalubridade como condição estrutural do ambiente laboral, desresponsabilizando o empregador e invisibilizando o sofrimento do trabalhador.

A compreensão das condições de insalubridade, portanto, exige uma abordagem multidisciplinar que envolva tanto o conhecimento jurídico quanto o técnico-científico, especialmente da área da saúde e da engenharia de segurança do trabalho, cuja intersecção de saberes é fundamental para garantir a proteção efetiva do trabalhador e para assegurar que os laudos periciais estejam alinhados às normas vigentes.

Ferreira (2022, p.59) explica que "o reconhecimento jurídico da insalubridade depende da existência de prova técnica que ateste a exposição do empregado a agentes agressivos de forma habitual e permanente". Essa habitualidade é essencial para a caracterização do direito ao adicional de insalubridade, conforme prevê o artigo 189 da Consolidação das Leis do Trabalho (CLT), o que demonstra que não basta a simples existência do agente insalubre: é preciso comprovar o contato contínuo e significativo com o fator de risco.

Nesse cenário, é necessário considerar que a identificação dos agentes insalubres se dá por meio de critérios técnico-normativos baseados em limites de tolerância estabelecidos em padrões reconhecidos nacional e internacionalmente, cujos limites consideram o tempo de exposição, a intensidade do agente e a possibilidade de danos à saúde.

Como aponta Souza (2022, p. 79), "a caracterização técnica da insalubridade deve ser realizada à luz de parâmetros científicos atualizados, sob pena de decisões judiciais descoladas da realidade epidemiológica". A observância desses critérios é indispensável para assegurar a segurança jurídica nas decisões que envolvem adicionais de insalubridade e, além disso, Ferreira (2022) adverte que a omissão do empregador em adotar medidas corretivas ou fornecer equipamentos de proteção individual (EPIs) adequados pode agravar a exposição do trabalhador e resultar em responsabilização civil e administrativa.

NORMAS REGULAMENTADORAS E A CLT

As Normas Regulamentadoras (NRs) e a Consolidação das Leis do Trabalho (CLT) formam o alicerce jurídico da segurança e saúde no ambiente laboral brasileiro e, enquanto a CLT estabelece os princípios gerais e dispositivos legais sobre o contrato de trabalho, as NRs detalham tecnicamente as exigências relativas à segurança, higiene e medicina do trabalho, criando um conjunto normativo complementar e essencial à proteção do trabalhador (Delgado, 2020).

A criação das Normas Regulamentadoras deu-se por meio da Portaria nº 3.214/78, do então Ministério do Trabalho, com base no artigo 200 da CLT, que confere ao órgão a competência para regulamentar questões de segurança e medicina do trabalho. Essa portaria estabeleceu inicialmente 28 NRs, número que se expandiu ao longo do tempo, refletindo a necessidade de disciplinar tecnicamente os diversos ambientes e riscos laborais (Brasil, 1978).

O artigo 157 da CLT impõe ao empregador o dever de cumprir e fazer cumprir as normas de segurança e medicina do trabalho, ao passo que o artigo 158 dispõe sobre as obrigações do empregado quanto à observância dessas normas. Esse equilíbrio normativo entre deveres patronais e obrigações do trabalhador é reforçado pelas NRs, que detalham procedimentos, medidas preventivas e limites de tolerância aos agentes nocivos (Brasil, 1943).

A Norma Regulamentadora nº 15, por exemplo, trata especificamente das atividades insalubres, estabelecendo critérios para a caracterização da insalubridade e os respectivos adicionais devidos, baseando-se em parâmetros científicos como os limites de tolerância definidos por organismos internacionais, como a ACGIH. A existência dessa NR permite objetivar a aplicação do artigo 189 da CLT (Schiavi, 2022).

Aliado a isso, tem-se a NR-9, que estabelece o Programa de Prevenção de Riscos Ambientais (PPRA), exigido para todas as empresas. O PPRA visa antecipar, reconhecer, avaliar e controlar os riscos ambientais no ambiente de trabalho, sendo um instrumento imprescindível para a efetivação dos direitos previstos nos artigos 7º, XXII e 225 da Constituição Federal (Brasil, 1988).

A relação entre as NRs e a CLT é de complementaridade técnica, pois a CLT fornece a base legal, enquanto as NRs operacionalizam essa base por meio de especificações técnicas. Como observa Leite (2023), essa estrutura normativa reflete uma tentativa de conferir concretude à proteção da saúde e integridade física do trabalhador, levando em consideração as particularidades de cada atividade econômica.

Não se pode deixar de mencionar que as normas regulamentadoras são construídas com participação tripartite: governo, empregadores e trabalhadores, sendo que esse modelo democrático fortalece a legitimidade das NRs e assegura que as regulamentações reflitam a realidade do mundo do trabalho. Segundo a Organização Internacional do Trabalho (OIT), a participação social na formulação de normas é essencial para a eficácia das políticas de SST (OIT, 2019).

O descumprimento das NRs pode gerar penalidades administrativas, civis e trabalhistas, de maneira que a empresa que não adota as medidas previstas nas normas pode ser autuada pela fiscalização do trabalho e ainda responder por danos à saúde do trabalhador, com base nos artigos 186 e 927 do Código Civil, e artigo 7º, inciso XXVIII, da Constituição (Brasil, 2002).

A jurisprudência trabalhista reconhece a eficácia normativa das NRs e, mais especificamente em relação ao Tribunal Superior do Trabalho (TST), este considera as normas regulamentadoras como referência técnica na aferição da responsabilidade do empregador em casos de acidente ou doença ocupacional. A Súmula 364 do TST, por exemplo, trata do adicional de periculosidade com base em NRs específicas (TST, 2023).

É importante destacar que as NRs estão sujeitas à revisão e atualização conforme avanços técnicos e mudanças nas relações de trabalho, sendo que, desde 2019, o governo federal iniciou um processo de revisão normativa, o que gerou preocupações quanto à possível flexibilização da proteção ao trabalhador (Antunes, 2018).

A NR-1, que trata das disposições gerais e do Gerenciamento de Riscos Ocupacionais (GRO), passou por importantes alterações, consolidando-se como marco na gestão integrada de saúde e segurança no trabalho, cuja norma exige a elaboração do PGR (Programa de Gerenciamento de Riscos), substituindo o antigo PPRA previsto na NR-9, o que demonstra a evolução contínua do sistema normativo (Brasil, 2020).

A CLT também evoluiu em sintonia com as transformações sociais e técnicas: a reforma trabalhista promovida pela Lei nº 13.467/2017 alterou dispositivos relevantes, mas manteve intactos os dispositivos sobre segurança e saúde do trabalho, reafirmando seu caráter indisponível e irrenunciável. Assim, as normas de proteção à saúde do trabalhador continuam sob o manto da indisponibilidade dos direitos fundamentais (Delgado, 2020).

As NRs desempenham, ainda, papel crucial na prevenção de acidentes, pois, de acordo com dados provenientes do Observatório de Segurança e Saúde no Trabalho, a maior parte dos acidentes graves poderia ser evitada com o cumprimento das normas, o que demonstra que o problema não está na ausência de legislação, mas na inefetividade de sua aplicação prática (MPT, 2022).

Para garantir a efetividade das NRs, é essencial o fortalecimento da fiscalização do trabalho, de modo que a atuação dos auditores fiscais do trabalho, prevista no artigo 626 da CLT, seja a principal via de controle do cumprimento das normas regulamentadoras (Brasil, 2023).

ESPÉCIES E GRAUS DE INSALUBRIDADE

A insalubridade no Direito do Trabalho brasileiro é classificada conforme os tipos de agentes nocivos aos quais os trabalhadores estão expostos, cuja categorização permite uma análise técnica e jurídica mais precisa sobre os riscos ocupacionais e a correspondente compensação financeira por meio do adicional de insalubridade. Conforme estabelece a Norma Regulamentadora nº 15 (NR-15), a insalubridade se divide conforme a natureza do agente: físico, químico ou biológico (Brasil, 1978).

Os agentes insalubres presentes nos ambientes de trabalho são classificados em três categorias principais: físicos, químicos e biológicos, conforme estabelecido pela Norma Regulamentadora nº 15 do Ministério do Trabalho e Emprego (MTE), sendo que cada uma dessas categorias possui critérios específicos de avaliação, considerando os efeitos potenciais à saúde do trabalhador. Souza (2022, p.83) observa que "os agentes físicos englobam fatores como ruído excessivo, calor, radiações ionizantes e vibrações, cuja exposição prolongada pode gerar danos auditivos, cardiovasculares e neurológicos", cujos riscos são frequentemente subestimados em ambientes produtivos com baixa fiscalização ou ausência de políticas eficazes de prevenção, o que exige maior atenção por parte das autoridades e gestores.

Os agentes físicos compreendem fatores como ruído, vibração, radiações ionizantes e não ionizantes, calor e frio excessivos, além de pressões anormais, sendo que esses elementos, quando ultrapassam os limites de tolerância estabelecidos por normas técnicas (como os da ACGIH), caracterizam atividade insalubre. Por exemplo, trabalhadores da construção civil e da indústria metalúrgica estão frequentemente expostos a ruídos contínuos superiores a 85 decibéis, o que configura insalubridade de grau médio, conforme a NR-15 (Schiavi, 2022).

No campo dos agentes físicos, o ruído é, talvez, o elemento mais comum e subnotificado nos ambientes laborais, de maneira que a exposição contínua a níveis de ruído superiores a 85 decibéis, especialmente em jornadas superiores a oito horas, pode comprometer a audição de forma irreversível, além de afetar a concentração, o sono e a saúde mental do trabalhador.

Ferreira (2022, p.70) destaca que "o ruído, quando constante e excessivo, deve ser tratado como fator de risco invisível, pois seus danos nem sempre são perceptíveis no curto prazo, mas acumulam efeitos devastadores com o tempo". A negligência quanto ao controle desse agente físico evidencia uma falha institucional que, para além da técnica, exige responsabilização jurídica e reparação adequada ao trabalhador, conforme o previsto na legislação vigente e na doutrina trabalhista.

A exposição a temperaturas extremas também é uma forma de insalubridade física bastante recorrente em diversos setores, especialmente na construção civil, siderurgia, frigoríficos e agricultura. O calor excessivo pode causar desidratação, insolação, distúrbios cardiovasculares e até morte por exaustão, enquanto o frio extremo compromete a circulação e aumenta o risco de doenças reumatológicas.

Souza (2022, p.85) afirma que "as variações térmicas extremas, quando não mitigadas por pausas adequadas, hidratação e vestimentas específicas, constituem violação direta ao direito à saúde e ao ambiente laboral seguro", ao passo que Ferreira (2022) argumenta que, apesar das previsões legais sobre limites de tolerância térmica, muitas empresas ainda negligenciam tais parâmetros, seja por desconhecimento técnico ou por opção deliberada de corte de custos operacionais, o que acarreta consequências jurídicas importantes.

Já os agentes químicos abrangem substâncias tóxicas absorvidas por via respiratória, dérmica ou oral, como solventes, metais pesados, poeiras minerais, vapores e gases. A exposição a benzeno, chumbo, amianto ou sílica, mesmo em baixas concentrações, pode ser extremamente prejudicial, sendo que, nesses casos, a legislação prevê graus variáveis de insalubridade, conforme a toxicidade do agente e o tempo de exposição (Delgado, 2020).

Representam um grave risco à saúde dos trabalhadores, sobretudo nos setores industriais, laboratoriais, de limpeza e na agroindústria: produtos como solventes, ácidos, metais pesados, poeiras tóxicas e pesticidas possuem efeito cumulativo no organismo, podendo causar desde reações alérgicas até cânceres ocupacionais. Segundo Ferreira (2022, p.72), "a exposição a substâncias químicas deve ser controlada por meio de medidas de engenharia, administrativas e pelo uso adequado de EPIs, mas essas exigências são frequentemente negligenciadas".

O caráter invisível dos riscos químicos dificulta sua percepção imediata e exige um monitoramento sistemático e técnico por parte dos empregadores.

Souza (2022) complementa que a avaliação da exposição química deve considerar a concentração ambiental e a toxicidade da substância, bem como o tempo de permanência do trabalhador no ambiente contaminado.

Por sua vez, os agentes biológicos estão presentes principalmente em ambientes hospitalares, laboratórios, serviços de coleta de lixo, esgoto e necrotérios e, desta forma, trabalhadores expostos a vírus, bactérias, fungos e outros patógenos podem desenvolver doenças graves como hepatites, tuberculose e leptospirose. A NR-15 reconhece essas atividades como insalubres em grau máximo, especialmente quando envolvem contato direto com pacientes ou materiais contaminados (Brasil, 1978).

Além da classificação por agentes, a legislação também define os graus de insalubridade: mínimo (10%), médio (20%) e máximo (40%), aplicados sobre o salário-mínimo da região, conforme prevê o artigo 192 da CLT. Essa gradação corresponde à intensidade da exposição e ao potencial lesivo dos agentes, e a fixação do grau deve ser feita por meio de laudo pericial técnico, com base nas tabelas constantes da NR-15 (Brasil, 1943).

A insalubridade de grau mínimo costuma envolver exposições de menor risco, com agentes menos agressivos ou exposição intermitente. Um exemplo seria a manipulação ocasional de substâncias de baixa toxicidade em ambientes com ventilação adequada e, nesses casos, ainda que os riscos sejam controlados, o adicional é garantido por lei (Leite, 2023).

A insalubridade de grau médio refere-se a exposições contínuas a agentes com potencial moderado de causar danos: situações como operação de máquinas barulhentas, contato com poeiras minerais ou trabalho sob calor intenso enquadram-se nessa categoria. O adicional de 20% busca compensar o risco constante ao qual o trabalhador está submetido (Delgado, 2020).

A insalubridade de grau máximo é reservada às atividades de alto risco, cujos agentes têm elevada capacidade de causar agravos irreversíveis à saúde. É o caso, por exemplo, de enfermeiros em unidades de tratamento intensivo, operadores de raio-X, profissionais que manipulam resíduos hospitalares ou trabalhadores em esgotos sem tratamento, de modo que, nestes casos, a lei estabelece adicional de 40% nesses casos (Brasil, 1978).

O reconhecimento da espécie e do grau de insalubridade não se dá por presunção. Eis que, conforme jurisprudência consolidada do Tribunal Superior do Trabalho, é indispensável a realização de perícia técnica por profissional habilitado que avalie o ambiente de trabalho e os agentes presentes. A Súmula 80 do TST reforça essa exigência, garantindo segurança jurídica e precisão técnica (TST, 2023).

Embora a NR-15 traga uma lista exemplificativa de atividades insalubres, a avaliação deve considerar, também, parâmetros atualizados da medicina do trabalho e da engenharia de segurança. Normas técnicas da Fundacentro, da Anvisa e da ACGIH são comumente utilizadas como referência subsidiária na caracterização dos graus de insalubridade (MPT, 2022).

A legislação prevê que o pagamento do adicional de insalubridade pode ser eliminado ou reduzido caso o empregador implemente medidas de proteção coletiva ou forneça Equipamentos de Proteção Individual (EPIs) eficazes. A jurisprudência do TST é firme ao exigir que a eficácia desses EPIs seja comprovada, sob pena de manutenção do direito ao adicional (TST, 2023).

A classificação das espécies e graus de insalubridade também possui repercussões previdenciárias. O tempo de trabalho em condições insalubres pode garantir ao trabalhador o direito à aposentadoria especial, desde que haja comprovação documental e técnica da exposição aos agentes nocivos, conforme disciplinado no artigo 57 da Lei nº 8.213/91 (Brasil, 1991).

Importa salientar que os critérios para a fixação do grau de insalubridade são eminentemente técnicos e não se confundem com condições de trabalho penosas ou perigosas, ainda que estas, por vezes, estejam presentes simultaneamente, sendo certo que a jurisprudência veda a cumulação dos adicionais de insalubridade e de periculosidade nos termos da Súmula 364 do TST, sendo facultado ao trabalhador optar pelo mais vantajoso (TST, 2023).

Em tempos recentes, o avanço das tecnologias de monitoramento ambiental e controle de riscos ocupacionais permitiu maior precisão na avaliação dos níveis de exposição e, desta forma, métodos como dosimetria acústica, avaliação termohigrométrica e amostragem de agentes químicos têm sido incorporados nas perícias técnicas, o que contribui para uma caracterização mais justa dos graus de insalubridade (Schiavi, 2022).

Setores mais afetados

A discussão sobre os setores mais afetados pela insalubridade exige uma abordagem detalhada das atividades econômicas cuja natureza operacional implica a exposição constante dos trabalhadores a agentes nocivos, de forma que um dos setores mais críticos é o da mineração, em que os empregados estão submetidos a ambientes subterrâneos, poeiras minerais, calor excessivo, vibrações e gases tóxicos. Ferreira (2022, p.75) afirma que "a mineração reúne múltiplos fatores de risco simultâneos, o que torna seus trabalhadores particularmente vulneráveis a doenças ocupacionais severas, como a silicose e a surdez induzida por ruído".

Além disso, a dificuldade de acesso e a profundidade das minas dificultam a implementação de medidas eficazes de proteção, o que agrava ainda mais o quadro de vulnerabilidade. Souza (2022) reforça que a fiscalização em áreas remotas de mineração é limitada, o que facilita o descumprimento das normas e perpetua o ciclo de negligência institucional.

Com base nessa realidade, outro setor que apresenta elevada incidência de insalubridade é o da construção civil, marcado por operações que expõem trabalhadores a agentes físicos como poeira de cimento, ruído intenso e temperaturas extremas. Souza (2022, p.86) destaca que "o trabalho em obras, muitas vezes a céu aberto e com jornadas prolongadas, eleva significativamente os riscos de doenças respiratórias, musculoesqueléticas e dermatológicas".

Além disso, os processos de escavação, demolição e transporte de materiais pesados aumentam as chances de acidentes graves e exposição contínua a substâncias químicas nocivas. Ferreira (2022) acrescenta que o grau de informalidade que ainda predomina em parte do setor compromete a efetividade das políticas de prevenção, uma vez que muitos trabalhadores sequer possuem acesso aos equipamentos de proteção individual adequados.

Outro setor igualmente vulnerável aos efeitos da insalubridade é o da limpeza urbana, em especial nas atividades ligadas à coleta de resíduos sólidos, varrição de vias públicas e manutenção de áreas públicas. Os trabalhadores dessa área enfrentam exposição constante a agentes biológicos como vírus, bactérias e fungos, além de riscos químicos oriundos de resíduos industriais e hospitalares descartados de forma inadequada.

Ferreira (2022, p.77) ressalta que "a coleta urbana deve ser reconhecida como uma das atividades com maior grau de exposição a agentes insalubres, especialmente quando realizada sem o fornecimento adequado de EPIs e sem o cumprimento de protocolos de segurança". A invisibilidade social dessa categoria agrava a situação, pois dificulta a formulação de políticas públicas eficazes voltadas à sua proteção e, nesse sentido, Souza (2022) reforça que os trabalhadores da limpeza urbana operam frequentemente em condições precárias, com baixo reconhecimento institucional, o que contribui para a perpetuação de ambientes altamente degradantes.

A agricultura, sobretudo em sua vertente intensiva, também se destaca entre os setores com maior incidência de insalubridade, principalmente pela manipulação de defensivos agrícolas, longas jornadas sob exposição solar e contato com agentes biológicos presentes no solo e nas plantas. Souza (2022, p.88) afirma que "os trabalhadores rurais, especialmente os que atuam em cultivos extensivos, estão entre os mais expostos a riscos tóxicos, sem que haja, muitas vezes, monitoramento adequado da sua saúde ocupacional".

A ausência de fiscalização frequente em regiões rurais, aliada à informalidade nas contratações e à escassez de informações sobre riscos ocupacionais, compromete severamente a proteção à saúde. Ferreira (2022) complementa que, embora existam normativos voltados ao meio rural, como a NR-31, sua aplicação é frequentemente negligenciada pelas empresas e produtores de médio e pequeno porte.

PROVAS TÉCNICAS E PERÍCIA JUDICIAL

A constatação da insalubridade no ambiente laboral exige, por força da lei, a realização de prova técnica pericial e, de acordo com o artigo 195 da Consolidação das Leis do Trabalho (CLT), a caracterização e a classificação da insalubridade dependem de laudo pericial elaborado por médico do trabalho ou engenheiro do trabalho devidamente habilitado nos termos da legislação vigente (Brasil, 1943).

A perícia judicial é, portanto, o principal instrumento técnico-jurídico para a apuração da existência e do grau de insalubridade. Tal exigência decorre da complexidade da matéria, que demanda conhecimentos científicos específicos para a identificação dos agentes nocivos, análise da intensidade da exposição e comparação com os limites de tolerância fixados pelas normas regulamentadoras, notadamente a NR-15 (Brasil, 1978).

A jurisprudência do Tribunal Superior do Trabalho é pacífica no sentido de que a perícia técnica constitui prova imprescindível à análise do pedido de adicional de insalubridade, razão pela qual a Súmula nº 80 do TST dispõe que a eliminação da insalubridade por meio de medidas protetivas deve ser apurada em perícia realizada no local de trabalho, reforçando o caráter técnico e empírico da prova (TST, 2023).

A nomeação do perito é de competência do juiz do trabalho, que deve observar os critérios do Código de Processo Civil e da Resolução nº 132/2011 do CSJT e, nesse sentido, o profissional deve possuir qualificação técnica e independência funcional para garantir imparcialidade na elaboração do laudo. A imparcialidade pericial é pressuposto de validade da prova, podendo o perito ser substituído a qualquer tempo em caso de suspeição ou impedimento (Garcia, 2021).

Nos termos do artigo 473 do Código de Processo Civil, o laudo pericial deve apresentar resposta objetiva aos quesitos formulados pelas partes e pelo juízo, indicando de forma clara os fundamentos técnicos utilizados, cuja análise deve contemplar não apenas a existência do agente insalubre, mas também sua concentração, frequência de exposição e a eficácia dos equipamentos de proteção fornecidos (Brasil, 2015).

Além do laudo, as partes podem indicar assistentes técnicos e formular quesitos, conforme previsto nos artigos 465 e 466 do CPC e, nessa toada, o assistente técnico é figura essencial ao contraditório na produção da prova técnica, atuando como contraponto ao perito nomeado pelo juízo. Embora não tenha caráter imparcial, seu parecer pode influenciar decisivamente a convicção do magistrado (Leite, 2023).

A caracterização da insalubridade não exige, necessariamente, a comprovação de dano efetivo à saúde, mas sim a exposição habitual a agentes nocivos acima dos limites legais, o que demonstra o caráter preventivo da norma e, dentro deste enfoque, a prova pericial busca aferir essa exposição em termos técnicos, sem que haja necessidade de o trabalhador demonstrar a ocorrência de lesão concreta (Delgado, 2020).

A eficácia dos Equipamentos de Proteção Individual (EPIs) fornecidos pelo empregador também deve ser avaliada durante a perícia, tendo em vista que o simples fornecimento do EPI não exime o pagamento do adicional, caso seja comprovado que ele é inadequado, ineficaz ou que não é utilizado. A análise pericial é essencial para verificar a efetiva neutralização do agente insalubre (MPT, 2022).

Importante ressaltar que a prova técnica deve observar os princípios do contraditório e da ampla defesa e, sendo assim, o laudo deve ser apresentado com antecedência mínima para manifestação das partes, que podem impugnar o conteúdo, requerer esclarecimentos ou até nova perícia, caso apontem vícios relevantes (Garcia, 2021). Há hipóteses em que a prova técnica pode ser dispensada, como nos casos em que o enquadramento legal da atividade insalubre é presumido, por força de previsão em convenção coletiva ou em situações já pacificadas na jurisprudência. Ainda assim, a regra geral é a necessidade de produção pericial, a fim de garantir segurança jurídica na fixação do adicional (Leite, 2023).

A prova pericial também serve como elemento instrutório em processos previdenciários, especialmente nas ações que buscam o reconhecimento de tempo de serviço especial. Nestes casos, o laudo técnico pode embasar o enquadramento da atividade como especial, conforme previsto no artigo 58 da Lei nº 8.213/91 e nos Decretos nº 3.048/99 e nº 4.882/03 (Brasil, 1991).

A especialização do perito é elemento que agrega qualidade à prova, pois, embora a legislação exija apenas que o perito seja médico ou engenheiro do trabalho, tribunais têm valorizado profissionais com certificações adicionais em higiene ocupacional e com experiência na área específica da atividade periciada. Essa valorização está em consonância com os princípios da eficiência e da proteção integral à saúde do trabalhador (Schiavi, 2022).

A JUDICIALIZAÇÃO DA INSALUBRIDADE E OS LIMITES DA PERÍCIA TRADICIONAL

A judicialização da insalubridade tornou-se uma realidade recorrente no Judiciário trabalhista brasileiro, à medida que os trabalhadores passaram a reivindicar com maior frequência o reconhecimento do adicional previsto no artigo 192 da CLT. O aumento das ações envolvendo insalubridade reflete não apenas a persistência de ambientes laborais inadequados, mas também os limites da regulação administrativa e das fiscalizações in loco promovidas pelo Ministério do Trabalho (Delgado, 2020).

Esse fenômeno de judicialização é alimentado por dois fatores principais: de um lado, a ausência de mecanismos eficazes de controle preventivo nas empresas; de outro, a insegurança jurídica quanto à interpretação e aplicação das Normas Regulamentadoras, especialmente a NR-15, sendo que a consequência é o sobrecarregamento do Judiciário com ações cujo núcleo decisório depende, fundamentalmente, de prova pericial especializada (Leite, 2023).

A perícia judicial, embora prevista como meio técnico de apuração da insalubridade, enfrenta uma série de limitações estruturais e metodológicas. O modelo tradicional de perícia adotado na Justiça do Trabalho, muitas vezes, não dá conta da complexidade dos ambientes laborais modernos, nem contempla adequadamente os riscos psicossociais emergentes, como estresse crônico, burnout e pressões organizacionais (Schiavi, 2022).

Um dos principais limites da perícia tradicional está na sua dependência de uma única visita técnica ao local de trabalho, normalmente em data agendada e com a presença do empregador, o que pode gerar condições artificiais ou manipuladas, cuja limitação compromete a fidelidade do diagnóstico, pois não capta as variações rotineiras e os momentos críticos da jornada laboral (Garcia, 2021).

Além disso, a limitação temporal da perícia impede a coleta de dados contínuos sobre exposição ocupacional, comprometendo a precisão da conclusão. A inexistência de equipamentos de monitoramento ambiental de longo prazo, como dosímetros individuais e amostradores de ar, reduz a capacidade da perícia de mensurar de forma fidedigna os agentes nocivos, especialmente os químicos e os biológicos (MPT, 2022).

Outro ponto crítico reside na formação técnica heterogênea dos peritos judiciais e, apesar de a CLT exigir que sejam médicos ou engenheiros do trabalho, muitos atuam com pouca familiaridade com determinadas áreas industriais ou com os novos parâmetros internacionais de higiene ocupacional (Delgado, 2020).

A judicialização da insalubridade também revela os limites epistemológicos da perícia tradicional, que tende a priorizar fatores mensuráveis fisicamente em detrimento de aspectos organizacionais e subjetivos do trabalho. Não se pode olvidar que situações de carga mental elevada, jornadas extensas e pressões hierárquicas, ainda que não visíveis, são causas reais de adoecimento laboral e deveriam ser consideradas no diagnóstico pericial (Antunes, 2018).

A atuação pericial, por vezes, desconsidera elementos contextuais, como o uso intermitente de Equipamentos de Proteção Individual (EPIs), falhas na sua manutenção, ausência de treinamento e resistência organizacional à sua implementação e, embora o fornecimento de EPIs seja causa de descaracterização da insalubridade, essa neutralização deve ser efetiva e contínua, sob pena de iludir o direito do trabalhador (TST, 2023). Além disso, observa-se que muitos magistrados, por não dominarem os aspectos técnicos envolvidos, aderem integralmente ao laudo pericial, ainda que este seja lacônico ou omisso quanto a elementos essenciais. Dentro deste enfoque, a jurisprudência, embora reconheça o valor probatório da perícia, admite sua relativização mediante prova técnica robusta em sentido contrário, como pareceres de assistentes técnicos ou novas perícias (Leite, 2023).

A judicialização da insalubridade poderia ser atenuada com maior fiscalização preventiva por parte do Estado, bem como com a criação de mecanismos extrajudiciais de verificação dos ambientes de trabalho, como auditorias técnicas compulsórias e certificações periódicas. A ausência dessas ferramentas converte o Judiciário na principal, e muitas vezes única, instância de reconhecimento dos direitos relacionados à saúde ocupacional (MPT, 2022).

Há, ainda, necessidade de evolução normativa, já que a NR-15, por exemplo, apesar de sua importância histórica, carece de atualizações substanciais para contemplar novos agentes e práticas laborais contemporâneas. O avanço tecnológico e as transformações no mundo do trabalho exigem um modelo pericial mais abrangente, interdisciplinar e orientado à proteção integral da saúde (Schiavi, 2022).

O uso de tecnologias digitais, como sensores de exposição contínua, plataformas de monitoramento ambiental e inteligência artificial aplicada à análise ergonômica, pode ampliar significativamente a acurácia das perícias e oferecer ao Judiciário subsídios mais confiáveis para a tomada de decisão. A perícia tradicional, sem esses recursos, tende a perpetuar limitações estruturais e interpretações ultrapassadas (Antunes, 2018).

Salienta-se, ademais, que a judicialização da insalubridade e os limites da perícia tradicional revelam uma defasagem entre a complexidade real do trabalho e os instrumentos jurídicos e técnicos disponíveis para sua análise. Superar esse descompasso exige um novo paradigma pericial, baseado em uma abordagem interdisciplinar, participativa e ancorada em princípios constitucionais, como a dignidade da pessoa humana e a valorização social do trabalho (Brasil, 1988).

A INTELIGÊNCIA ARTIFICIAL NO AMBIENTE LABORAL

O QUE É INTELIGÊNCIA ARTIFICIAL: CONCEITOS E APLICAÇÕES

A compreensão da Inteligência Artificial (IA) como protagonista da Quarta Revolução Industrial exige, antes de tudo, o reconhecimento de sua historicidade, de sua construção teórica e de sua consolidação como ferramenta disruptiva. O termo "inteligência artificial" foi formalizado por John McCarthy em 1956, durante a Conferência de Dartmouth, que marcou o início da pesquisa sistemática na área e, desde então, a IA passou por diferentes fases de entusiasmo e decepção até atingir o atual estágio de maturidade tecnológica. Conforme Schwab (2016, p.18), "a Quarta Revolução Industrial é caracterizada pela fusão de tecnologias que estão borrando as linhas entre as esferas física, digital e biológica".

As revoluções anteriores se basearam na mecanização, na eletricidade e na computação, já a Quarta Revolução Industrial é marcada por sistemas ciberfísicos que aprendem, interagem e tomam decisões, e a IA, nesse contexto, não é apenas um conjunto de algoritmos programáveis, mas um campo do conhecimento que integra aprendizado de máquina (machine learning), redes neurais, processamento de linguagem natural, visão computacional e sistemas especialistas. Harari (2018, p.147) destaca que "os algoritmos estão se tornando os novos senhores da informação, capazes de compreender padrões com precisão superior à mente humana".

A consolidação da IA como tecnologia de base deve ser compreendida como parte de um processo mais amplo de transformação digital que impacta diretamente o mundo do trabalho. As máquinas inteligentes estão substituindo o trabalho humano em tarefas repetitivas e perigosas, promovendo aumento de produtividade e redefinindo a divisão do trabalho entre humanos e sistemas autônomos. Por conseguinte, Souza (2022, p.82) afirma que "a inteligência artificial não apenas melhora a eficiência produtiva, mas também reorganiza a lógica do processo de trabalho e da gestão da força laboral".

Nesse sentido, a IA representa uma ruptura paradigmática com os modelos industriais anteriores, pois, se na Segunda Revolução Industrial o trabalho humano era centrado no esforço físico e, na Terceira, no controle dos sistemas computacionais, a Quarta Revolução desloca o papel do trabalhador para atividades cognitivas, interpretativas e estratégicas. Pagnanelli e Ravasio (2020, p.51) observam que "a automação baseada em IA altera radicalmente o conceito de operação, substituindo a execução mecânica por tomada de decisão autônoma".

O impacto dessa mudança não é homogêneo, eis que setores com elevado risco ocupacional têm se beneficiado da incorporação de tecnologias inteligentes, especialmente por permitirem a remoção do trabalhador de ambientes insalubres. Robôs colaborativos, drones e sensores autônomos têm sido utilizados em indústrias químicas, mineração e construção civil para reduzir a exposição humana a agentes tóxicos, ruído, calor e vibração. Schwab (2016, p.109) reforça que "a integração entre robótica, IA e Internet das Coisas está criando sistemas de produção autônomos e resilientes".

A velocidade das mudanças tecnológicas impõe ao Direito do Trabalho um desafio teórico e normativo considerável: a IA não apenas transforma os modos de produção, mas também impõe uma reavaliação dos conceitos jurídicos clássicos, como o de subordinação, jornada de trabalho, periculosidade e insalubridade. Como ressalta Ferreira (2022, p.59), "a expansão da inteligência artificial nos ambientes produtivos exige uma revisão da lógica de proteção laboral tradicional, baseada na centralidade do trabalho humano como unidade produtiva".

A partir dessa perspectiva, a IA assume papel ambivalente: por um lado, potencializa condições dignas de trabalho ao reduzir os riscos ambientais; por outro, impõe novas formas de vigilância, controle e precarização, caso sua implementação ocorra sem regulação adequada. Harari (2018) adverte que "as tecnologias emergentes podem se tornar mecanismos de dominação, caso não sejam acompanhadas por estruturas éticas e legais robustas" (p. 149).

Do ponto de vista técnico, a IA atual se baseia majoritariamente em modelos de aprendizado supervisionado, nos quais algoritmos são treinados com grandes volumes de dados para realizar tarefas específicas com alta precisão, cuja característica permite sua aplicação em diagnósticos médicos, reconhecimento facial, previsões financeiras e também na prevenção de acidentes de trabalho. Como exemplifica Souza (2022, p.84), "em ambientes industriais, sensores baseados em IA são capazes de prever falhas mecânicas e detectar mudanças bruscas nas condições ambientais que indicam risco".

A transição para ambientes produtivos assistidos por IA requer investimentos em infraestrutura, capacitação técnica e mudanças culturais nas organizações, sendo certo que, hodiernamente, a resistência à automação ainda é significativa em setores tradicionais, motivada tanto por incertezas econômicas quanto por medo de desemprego. No entanto, estudos apontam que a IA não elimina postos de trabalho indiscriminadamente, mas redefine tarefas e cria novos perfis ocupacionais. Schwab (2016, p.121) acrescenta que "as profissões do futuro exigirão competências digitais, pensamento crítico e capacidade de adaptação a sistemas inteligentes".

A aplicação da IA no sistema judiciário contribui para enfrentar problemas estruturais, como morosidade, congestionamento processual e acesso limitado à justiça por parte de trabalhadores vulneráveis. A automação de tarefas administrativas libera recursos humanos para atividades interpretativas que exigem sensibilidade social e jurídica. Souza (2022, p.86) aponta que "a

IA pode agir como mediadora de justiça, desde que orientada por valores constitucionais e pelo princípio da dignidade humana".

A IA, portanto, deve ser compreendida como uma ferramenta de transformação estrutural das instituições e não apenas como inovação técnica, cuja incorporação requer revisão de protocolos, normas procedimentais e formas de capacitação dos profissionais do Direito e da Engenharia. Pagnanelli e Ravasio (2020, p.55) sugerem que "a formação dos operadores do direito deve incluir habilidades digitais e conhecimento sobre sistemas inteligentes" como condição para o uso ético e eficiente da tecnologia.

Nesse particular, cabe ser salientado que a Inteligência Artificial (IA) é uma área da ciência da computação voltada ao desenvolvimento de sistemas capazes de simular comportamentos humanos inteligentes. Em sua definição mais elementar, IA refere-se à capacidade de máquinas, programas e algoritmos de realizar tarefas que, até então, exigiriam inteligência humana, como raciocínio, aprendizado, percepção e tomada de decisão (Russell & Norvig, 2020).

O termo "inteligência artificial" foi cunhado oficialmente na conferência de Dartmouth, em 1956, por John McCarthy e outros pesquisadores, marcando o início formal de uma disciplina científica que buscava replicar a cognição humana por meio de artefatos tecnológicos. Desde então, o conceito evoluiu significativamente, passando da simples automação de tarefas para a criação de algoritmos sofisticados de aprendizagem e interação contextual (Haenlein & Kaplan, 2019).

A IA pode ser classificada em dois grandes grupos: IA fraca (narrow AI) e IA forte (general AI). Enquanto a primeira diz respeito a sistemas capazes de desempenhar funções específicas de forma autônoma, como assistentes virtuais, softwares de reconhecimento facial ou mecanismos de busca, a segunda remete a sistemas com capacidade de raciocínio e autoconsciência semelhantes ao cérebro humano — um objetivo ainda não plenamente atingido (Domingos, 2017).

Entre as tecnologias mais utilizadas estão o machine learning (aprendizado de máquina) e o deep learning (aprendizado profundo), que consistem em métodos que permitem que algoritmos ajustem seu comportamento a partir da análise de grandes volumes de dados, sem a necessidade de reprogramação direta, cujos modelos são treinados para identificar padrões e realizar previsões com alta acurácia (Domingos, 2017). Aliado a isso, cabe ser exposto o aspecto que toca o da visão computacional, que permite a análise automatizada de imagens e vídeos, e o processamento de linguagem natural (PLN), que possibilita que máquinas compreendam, processem e respondam a comandos em linguagem humana. Ferramentas como o ChatGPT, assistentes como a Siri, e tradutores automáticos são exemplos de aplicações práticas do PLN (Jurafsky & Martin, 2008).

No contexto organizacional, a IA está sendo amplamente utilizada para otimizar processos, reduzir custos e aumentar a eficiência, de forma que empresas adotam algoritmos inteligentes para prever demandas de mercado, personalizar o atendimento ao cliente, realizar análises de risco e automatizar tarefas administrativas repetitivas. Tais transformações têm implicações diretas sobre a estrutura do trabalho e a dinâmica das relações laborais (Brynjolfsson & Mcafee, 2014).

Especificamente no ambiente laboral, a IA tem sido aplicada no recrutamento e na seleção de pessoal, com softwares que analisam currículos, perfil de redes sociais e dados de entrevistas para indicar os candidatos mais adequados. Embora eficiente, essa prática levanta preocupações quanto à imparcialidade algorítmica, pois algoritmos treinados com dados enviesados podem reproduzir discriminações históricas (Eubanks, 2018).

Outra aplicação crescente está na monitorização de produtividade, com sistemas que acompanham o ritmo de trabalho dos funcionários em tempo real, identificando pausas, tempo de resposta e padrões de comportamento, cujos sistemas prometem maior eficiência, mas também suscitam debates sobre privacidade, vigilância e o direito à desconexão (Zuboff, 2021).

Na indústria e na logística, a IA é aplicada para coordenar cadeias produtivas, prever falhas em máquinas, ajustar estoques automaticamente e operar veículos autônomos. Robôs inteligentes, como os da Amazon, já realizam tarefas complexas com alto grau de autonomia, reconfigurando completamente o perfil de empregos e exigindo novas qualificações dos trabalhadores (Susskind, 2020).

No setor jurídico, a IA vem sendo empregada para análise preditiva de decisões judiciais, extração de jurisprudência, automatização de petições e atendimento ao público por chatbots. Ferramentas como Ross Intelligence, Jurimetria e LegalBot apontam para uma mudança profunda no acesso à Justiça, embora ainda restritas a tarefas de baixa complexidade (Catalini; Gans, 2020).

O impacto da IA também se faz sentir no campo da saúde, com sistemas de diagnóstico assistido, robôs cirúrgicos e plataformas de análise genômica, mas, no entanto, a introdução de IA na medicina suscita questões éticas delicadas, como a autonomia profissional, a responsabilidade civil por erros algorítmicos e a proteção de dados sensíveis dos pacientes (Topol, 2019).

Do ponto de vista do Direito, o desafio é construir marcos regulatórios que acompanhem o ritmo acelerado da inovação tecnológica, sem comprometer direitos fundamentais. A ausência de legislação específica no Brasil sobre IA e trabalho dificulta a tutela jurídica de questões como demissões automatizadas, critérios de promoção baseados em algoritmos e impactos sobre a saúde mental dos trabalhadores (Delgado, 2020).

O marco legal da inteligência artificial no Brasil ainda está em construção, embora o Senado tenha apresentado o PL nº 2.338/2023, que visa estabelecer princípios, direitos e deveres para o uso da IA. Entre os princípios fundamentais do projeto estão a não discriminação, a transparência algorítmica, a responsabilização e a supervisão humana dos sistemas inteligentes (Brasil, 2023).

No âmbito internacional, a União Europeia tem liderado a regulamentação da IA, com a proposta do AI Act, que classifica os sistemas de IA conforme o grau de risco e impõe exigências rígidas para aqueles que atuam em setores críticos. Esse modelo europeu é considerado um dos mais avançados e tem servido de inspiração para outras jurisdições, inclusive o Brasil (Europa, 2021).

A IA COMO FERRAMENTA DE GESTÃO DE RISCOS OCUPACIONAIS

A gestão de riscos ocupacionais é fundamental para a promoção da saúde e da segurança no trabalho, conforme previsto no artigo 7º, inciso XXII, da Constituição Federal. Nos últimos anos, a inteligência artificial (IA) tem se consolidado como aliada estratégica nesse campo, permitindo a antecipação, a avaliação e o controle de riscos ambientais e organizacionais com maior precisão e agilidade (Brasil, 1988).

Por meio de sistemas baseados em aprendizado de máquina (machine learning), a IA pode processar grandes volumes de dados oriundos de sensores, históricos de acidentes, prontuários médicos e indicadores de desempenho, identificando padrões que escapam à análise humana, cuja capacidade analítica tem revolucionado os Programas de Gerenciamento de Riscos (PGR), previstos na NR-1 (Brasil, 2020).

A aplicação da IA na gestão de riscos ocupacionais ocorre em diferentes frentes, sendo que uma das mais relevantes é o uso de sensores inteligentes acoplados a Equipamentos de Proteção Individual (EPIs) e máquinas, que monitoram em tempo real variáveis como temperatura, umidade, exposição a gases tóxicos e pressão sonora. Os dados coletados são analisados por algoritmos que emitem alertas automáticos de risco (Alcantara, 2023).

Além do monitoramento ambiental, a IA é empregada na prevenção preditiva de acidentes, com a análise de comportamentos inseguros registrados por câmeras com visão computacional. Sistemas de IA são capazes de identificar movimentações inadequadas, uso incorreto de EPIs e proximidade de zonas de perigo, emitindo comandos corretivos instantâneos (Lee; Yoon, 2021).

Esses recursos contribuem para a redução da subjetividade nas análises de risco, proporcionando diagnósticos baseados em evidências quantitativas e atualizadas. Ao contrário dos métodos tradicionais, baseados na observação pontual e na percepção humana, os algoritmos funcionam de forma contínua e autônoma, aumentando a efetividade das ações preventivas (Liu et al, 2025).

Cabe ainda ser salientado o campo da avaliação ergonômica do trabalho, em que os sistemas de IA processam dados biomecânicos e posturais para identificar sobrecargas físicas, repetitividade de movimentos e tempo de exposição a posturas nocivas. Esse diagnóstico automatizado pode ser integrado ao PPRA (Programa de Prevenção de Riscos Ambientais) e aos programas de ergonomia laboral (Delgado, 2020).

A IA também atua na gestão do risco psicossocial por meio da análise de padrões de comunicação interna, relatórios de desempenho e níveis de absenteísmo: algoritmos são treinados para detectar indícios de burnout, estresse crônico e clima organizacional tóxico, oferecendo aos gestores uma ferramenta preditiva para intervenções antes do adoecimento (Schiavi, 2022).

Contudo, a utilização da IA na gestão de riscos demanda responsabilidade técnica e jurídica, especialmente quanto à proteção dos dados pessoais dos trabalhadores. A Lei Geral de Proteção de Dados (LGPD – Lei nº 13.709/2018) impõe limites claros à coleta, tratamento e compartilhamento de dados sensíveis, exigindo transparência e finalidade legítima (Brasil, 2018).

A jurisprudência brasileira ainda é incipiente quanto à responsabilização por decisões automatizadas no campo da segurança do trabalho, mas o artigo 20 da LGPD dispõe que o titular dos dados tem o direito de solicitar a revisão de decisões tomadas unicamente com base em tratamento automatizado, o que pode incluir alertas de risco ou afastamentos decorrentes de IA (Brasil, 2018). Para garantir o uso ético da IA na gestão de riscos, é essencial a intervenção humana qualificada nos processos decisórios, conforme proposto pelo Projeto de Lei nº 2.338/2023, que trata do marco legal da IA no Brasil. A atuação humana é condição de legitimidade e confiabilidade dos sistemas inteligentes, especialmente em temas sensíveis como saúde ocupacional (Brasil, 2023).

A integração entre IA e compliance trabalhista é outra vertente interessante. A Inteligencia Artificial tem sido utilizadas para realizar auditorias internas automatizadas sobre o cumprimento das Normas Regulamentadoras, evitando passivos judiciais e promovendo ambientes de trabalho mais seguros e juridicamente adequados (Cabral, 2024).

No plano internacional, a Organização Internacional do Trabalho (OIT) reconhece a importância da IA na modernização dos sistemas de segurança e saúde no trabalho, desde que acompanhada por garantias laborais adequadas. Em seu relatório de 2021, a OIT defendeu que tecnologias digitais devem ser usadas para proteger, e não vigiar, os trabalhadores (OIT, 2021).

A adoção responsável da IA na gestão de riscos ocupacionais requer a capacitação técnica das equipes de SST, a elaboração de protocolos éticos de uso e a supervisão de engenheiros, médicos do trabalho e juristas especializados. Somente com esse tripé — técnica, ética e direito — será possível garantir que os benefícios da IA sejam revertidos em proteção real à saúde do trabalhador (Delgado, 2020).

TECNOLOGIAS PREDITIVAS E SENSORES INTELIGENTES

Nesse particular, cabe salientar que as tecnologias preditivas consistem em sistemas baseados em algoritmos e análise de dados capazes de antecipar eventos futuros com alto grau de precisão, auxiliando gestores na tomada de decisões preventivas. No ambiente laboral, essas tecnologias são aplicadas especialmente à prevenção de acidentes, falhas operacionais e riscos à saúde dos trabalhadores, promovendo um novo paradigma de gestão baseado em antecipação e não apenas em reação (Domingos, 2017).

Tais tecnologias utilizam grandes volumes de dados - também chamados de big data - e modelos estatísticos, como redes neurais, árvores de decisão e aprendizado supervisionado, para identificar padrões e inferir probabilidades. Na prática, isso permite que empresas prevejam, por exemplo, quais trabalhadores estão mais propensos a desenvolver lesões por esforço repetitivo ou quais equipamentos apresentam maior risco de falha iminente (Brynjolfsson & Mcafee, 2014).

No contexto da saúde e da segurança do trabalho (SST), os sensores inteligentes representam a principal interface entre o trabalhador e os sistemas de IA, perfazendo dispositivos capazes de captar e transmitir informações em tempo real sobre variáveis ambientais (temperatura, umidade, ruído, gases tóxicos) e fisiológicas (frequência cardíaca, postura corporal, movimento), promovendo um monitoramento contínuo da exposição ocupacional (Lee; Yoon, 2021).

Esses sensores podem estar acoplados a equipamentos de proteção individual (EPIs), roupas inteligentes ou dispositivos vestíveis (wearables), como pulseiras, capacetes e coletes. Tais recursos aumentam substancialmente a capacidade de detecção precoce de situações de risco, emitindo alertas automáticos e ativando protocolos de segurança quando condições críticas são detectadas (Liu et al, 2025).

A integração entre sensores inteligentes e sistemas preditivos forma o que se denomina "Internet das Coisas aplicada ao ambiente industrial" (IIoT – Industrial Internet of Things), cuja integração permite que máquinas, equipamentos e trabalhadores se comuniquem entre si, criando um ecossistema inteligente e autônomo de prevenção de acidentes e gestão operacional (Liu; Guo; Wang, 2025).

Uma das principais inovações tecnológicas nesse campo é o uso de dosímetros digitais, que avaliam continuamente a exposição a ruídos, vibrações e radiações, fornecendo relatórios individualizados e atualizados sobre as condições ambientais enfrentadas por cada trabalhador (Delgado, 2020).

Outra aplicação relevante é o uso de câmeras com visão computacional para detectar desvios comportamentais e movimentações inseguras em áreas industriais. Aliadas a algoritmos de reconhecimento de padrões, essas tecnologias identificam automaticamente situações como ausência de EPI, deslocamentos em zonas restritas e posturas inadequadas, possibilitando intervenções imediatas (Liu; Guo; Wang, 2025).

No setor de mineração e construção civil, por exemplo, sensores de geolocalização e aceleração são utilizados para monitorar o deslocamento de operários em áreas de risco, prevenindo quedas, desabamentos ou colisões com maquinário pesado (OIT, 2021).

AUTOMATIZAÇÃO DE TAREFAS INSALUBRES: ROBÔS, ALGORITMOS E MONITORAMENTO

A automatização de tarefas insalubres constitui uma das frentes mais promissoras da aplicação da inteligência artificial (IA) e da robótica no ambiente de trabalho, tratando-se do uso estratégico de tecnologias capazes de substituir o ser humano em atividades que envolvam exposição a agentes nocivos, reduzindo riscos à saúde e prevenindo o adoecimento ocupacional. Essa transformação, além de técnica, é jurídica e ética, exigindo nova leitura das normas de proteção ao trabalho (Delgado, 2020).

O fundamento constitucional para essa mudança encontra respaldo no artigo 7º, inciso XXII, da Constituição Federal de 1988, que garante aos trabalhadores a redução dos riscos inerentes ao trabalho, por meio de normas de saúde, higiene e segurança. A substituição do trabalhador por máquinas ou sistemas inteligentes em tarefas de alto risco está em consonância com esse mandamento protetivo (Brasil, 1988).

No plano prático, os robôs colaborativos (cobots) e os sistemas autônomos vêm sendo empregados para realizar atividades em ambientes com calor extremo, ruído elevado, substâncias tóxicas, agentes biológicos e risco de acidentes graves. Indústrias químicas, metalúrgicas, mineradoras e hospitais têm adotado essas tecnologias para proteger a integridade física de seus profissionais (Susskind, 2020).

Esses robôs são equipados com sensores e algoritmos que lhes permitem identificar obstáculos, reconhecer objetos, adaptar seus movimentos e interagir com humanos de forma segura. Ao realizar tarefas repetitivas, pesadas ou perigosas, eliminam o contato direto do trabalhador com o agente insalubre, o que, em muitos casos, extingue a base fática do pagamento do adicional de insalubridade (TST, 2023).

A Consolidação das Leis do Trabalho (CLT), em seu artigo 191, prevê que a eliminação ou neutralização da insalubridade pode ocorrer mediante medidas de proteção coletiva ou, na ausência dessas, com o uso eficaz de Equipamentos de Proteção Individual. A substituição da atividade humana por robôs pode ser interpretada como medida de proteção coletiva com grau máximo de efetividade (Brasil, 1943).

Além dos robôs físicos, algoritmos inteligentes estão sendo utilizados para automatizar processos administrativos e laboratoriais que antes exigiam manuseio de materiais contaminantes. Em hospitais, por exemplo, sistemas de IA controlam estoques de resíduos biológicos, realizam triagens preliminares de pacientes e gerenciam protocolos de desinfecção, reduzindo a exposição de trabalhadores da saúde a agentes infecciosos (Topol, 2019).

A robótica também tem papel essencial na indústria de alimentos. Manipuladores automatizados realizam cortes, selagens e processos térmicos em ambientes frios, úmidos e contaminantes, anteriormente operados por humanos, cuja substituição tem repercussões trabalhistas importantes, pois exige requalificação profissional e reorganização da jornada de trabalho (Haenlein; Kaplan, 2019).

Um campo em expansão é o da automação remota, em que operadores humanos controlam à distância máquinas que executam tarefas insalubres: drones, guindastes inteligentes, empilhadeiras autônomas e sistemas de inspeção por câmera são exemplos de tecnologias que permitem o monitoramento e o controle de ambientes hostis sem a presença física do trabalhador (Lee; Yoon, 2021).

Contudo, a adoção de robôs e algoritmos em tarefas insalubres deve respeitar princípios jurídicos fundamentais, como o da função social do trabalho e o da dignidade da pessoa humana. A simples substituição do ser humano por máquinas sem políticas de transição justa pode gerar desemprego estrutural e exclusão tecnológica, aprofundando desigualdades já existentes (Antunes, 2018).

Do ponto de vista da responsabilidade civil, a automação não elimina a obrigação do empregador de garantir um ambiente de trabalho seguro. Sistemas automatizados que apresentem falhas, tais como um algoritmo mal calibrado ou um robô com defeito, pode gerar danos ao trabalhador remanescente ou a terceiros, ensejando indenização por acidente ou doença decorrente da negligência tecnológica (Garcia, 2021).

É importante lembrar que a automação de tarefas insalubres também altera a configuração dos acidentes típicos, uma vez que novos riscos passam a ser relacionados à falha nos sistemas de controle, à dependência de softwares e à vulnerabilidade cibernética das máquinas, exigindo novos modelos de prevenção, perícia e regulação normativa (Europa, 2021). Diante desse cenário, juristas e operadores do direito do trabalho são desafiados a reinterpretar conceitos clássicos da legislação laboral à luz das tecnologias emergentes. A insalubridade não deve ser apenas combatida com adicionais salariais, mas sobretudo com inovação tecnológica que elimine a origem do risco, em consonância com os princípios constitucionais da valorização do trabalho e da proteção à saúde (Delgado, 2020).

BENEFÍCIOS DA IA NA PREVENÇÃO DE DANOS À SAÚDE DO TRABALHADOR

Insta salientar, neste particular, que o avanço das tecnologias digitais vem ampliando sobremaneira as possibilidades de atuação preventiva na saúde do trabalhador, especialmente com a incorporação de sistemas baseados em inteligência artificial (IA), cujas ferramentas têm permitido o monitoramento contínuo de condições ambientais, identificação de riscos ocupacionais e análise preditiva de adoecimentos laborais, potencializando estratégias de proteção individual e coletiva. De acordo com a Organização Internacional do Trabalho (OIT), a digitalização bem direcionada pode transformar o ambiente ocupacional, tornando-o mais seguro e saudável (OIT, 2025).

A IA tem se mostrado fundamental para fins de detecção precoce de padrões que indicam risco de adoecimento, como exposição prolongada a substâncias tóxicas, movimentos repetitivos e sobrecarga térmica, uma vez que sensores acoplados a sistemas inteligentes são capazes de analisar em tempo real as variáveis ambientais e fisiológicas dos trabalhadores, viabilizando intervenções imediatas antes que os danos ocorram. Desta feita, conforme aponta a Agência Europeia para a Segurança e Saúde no Trabalho (EU-OSHA), essas tecnologias reduzem a latência entre o risco e a resposta, favorecendo ações preventivas eficazes (EU-OSHA, 2021).

Aliado a isso, a IA, no campo da saúde ocupacional, demonstra a capacidade de aprendizagem contínua a partir de grandes volumes de dados e, desta forma, ao processar prontuários médicos, registros de acidentes e padrões de comportamento no trabalho, os algoritmos conseguem identificar relações complexas entre variáveis e propor medidas personalizadas para cada setor ou perfil de trabalhador. Isso torna as ações de saúde mais precisas e eficientes, como afirmam Oliveira et al (2023), ao destacar a importância da IA na otimização de programas de qualidade de vida no trabalho.

Além da prevenção primária, a IA da mesma forma contribui na prevenção secundária, ao identificar precocemente sintomas sutis de doenças ocupacionais e, desta forma, aplicativos com recursos de machine learning são capazes de reconhecer alterações de humor, fadiga ou dores persistentes a partir de interações digitais, como uso de teclado, voz ou padrões de deslocamento. Essas informações são interpretadas por sistemas inteligentes que alertam os gestores de saúde sobre possíveis agravos, permitindo a antecipação de diagnósticos (OIT, 2025).

Em atividades de alto risco, como mineração, construção civil e transporte, a IA tem contribuído com sistemas de visão computacional que detectam desvios de conduta ou falhas nos equipamentos de proteção individual (EPIs), sendo que o monitoramento dos trabalhadores resta viabilizado por meio de câmeras acopladas a redes neurais artificiais, realizando a emissão de alertas quando há descumprimento de normas de segurança. Segundo a EU-OSHA

(2021), essas soluções são capazes de reduzir a incidência de acidentes fatais nesses setores.

Do ponto de vista da ergonomia, a IA tem permitido o desenvolvimento de wearables inteligentes capazes de ajustar posturas, indicar pausas e sugerir adequações nos postos de trabalho, cujos dispositivos atuam como assistentes pessoais, ensinando os trabalhadores a preservar sua saúde musculoesquelética e mental durante a jornada. Nesse sentido, Oliveira et al (2023) observam que o uso de inteligência artificial em ergonomia tem potencial para minimizar os afastamentos por doenças ocupacionais, especialmente LER/DORT.

A análise de dados provenientes de sensores ambientais integrados à IA possibilita um mapeamento dinâmico das zonas de risco dentro do ambiente de trabalho, o que permite a reorganização dos fluxos operacionais, evitando a exposição contínua a agentes prejudiciais, como ruído excessivo, calor extremo ou produtos químicos. A OIT (2025) ressalta que essa reorganização baseada em dados melhora não só a saúde, mas também a produtividade e o bem-estar dos trabalhadores.

A IA, da mesma forma, é suscetível de contribuir para a prevenção de agravos psicossociais ao identificar padrões de estresse, burnout e insatisfação no ambiente laboral. Sendo assim, ferramentas analíticas que interpretam comunicações internas, ritmos de trabalho e padrões de sono auxiliam na formulação de políticas de saúde mental mais eficazes. A EU-OSHA (2021) destaca que a IA é promissora na criação de ambientes de trabalho mais humanos, desde que utilizada de maneira ética e transparente.

É importante notar que a atuação preventiva da IA não substitui a presença humana, mas a potencializa e, desta forma, ao automatizar tarefas repetitivas e análises de risco, libera os profissionais de saúde ocupacional para intervenções mais qualificadas e centradas na subjetividade dos trabalhadores. Sob esse prisma, Oliveira et al (2023) argumentam que a integração homem-máquina no campo da saúde laboral pode ser uma aliada da humanização, desde que orientada por valores éticos e de justiça social.

A IA, de igual forma, apoia a reabilitação e a reintegração de trabalhadores após afastamentos por motivo de saúde, razão pela qual algoritmos de apoio à decisão clínica podem sugerir adaptações de função, ritmo e carga horária com base em históricos de saúde e avaliações de desempenho, reduzindo o risco de recaída. A OIT (2025) aponta que essa customização do retorno ao trabalho é um dos avanços mais intrigantes proporcionados pela digitalização inteligente.

Não se pode olvidar acerca da possibilidade de ser realizada auditoria contínua e imparcial das condições de trabalho: relatórios automáticos, baseados em sensores e imagens, geram evidências que podem ser utilizadas em ações de vigilância sanitária, fiscalizações trabalhistas e auditorias internas. Essa rastreabilidade digital fortalece a cultura de segurança e responsabilidade social nas organizações.

A utilização da IA na educação continuada dos trabalhadores também manifesta um cenário evolutivo e, sendo assim, plataformas adaptativas oferecem conteúdos personalizados de saúde e segurança com base no desempenho individual, promovendo um aprendizado ativo e contínuo. Oliveira et al (2023) destacam que essas abordagens favorecem o empoderamento dos trabalhadores, tornando-os agentes ativos na construção de ambientes laborais mais seguros.

Na perspectiva coletiva, a IA permite cruzar dados intersetoriais para a identificação de determinantes sociais da saúde no trabalho, como desigualdade de gênero, etnia ou religião, cuja visão ampliada contribui para políticas públicas mais integradas e equitativas, conforme recomenda a OIT (2025), que defende o uso responsável da tecnologia para combater vulnerabilidades estruturais.

A automação baseada em IA tem impacto positivo na redução da exposição humana a atividades perigosas, eis que robôs e sistemas autônomos, guiados por IA, assumem tarefas insalubres, como manuseio de produtos tóxicos ou atividades em locais confinados, evitando que trabalhadores se submetam a riscos desnecessários. A EU-OSHA (2021) enfatiza que essa substituição deve ser acompanhada de estratégias de requalificação profissional.

Levando em consideração o exposto, é indiscutível que a IA resta consubstanciada em uma ferramenta estratégica de governança em saúde do trabalhador ao subsidiar gestores públicos e privados com dados consistentes e em tempo real. Nesta toada, painéis interativos alimentados por inteligência artificial auxiliam na tomada de decisões baseadas em evidências, otimizando os investimentos em prevenção e promovendo uma cultura organizacional voltada para o cuidado com a vida, conforme Oliveira et al (2023).

INTELIGÊNCIA ARTIFICIAL COMO INOVAÇÃO DISRUPTIVA

A Inteligência Artificial (IA) representa uma das inovações mais disruptivas do século XXI, não apenas por sua complexidade técnica, mas principalmente por sua capacidade de redefinir paradigmas sociais, econômicos e jurídicos, cuja natureza disruptiva reside na possibilidade de automatizar processos cognitivos antes exclusivos do ser humano, como a tomada de decisão, a análise preditiva e a aprendizagem adaptativa. De acordo com Schwab (2016, p.109), "a IA é o coração da Quarta Revolução Industrial, pois ultrapassa os limites físicos da máquina para atuar na esfera da inteligência, da percepção e da cognição".

Nesse sentido, a IA não é apenas mais uma tecnologia: é uma transformação de base que altera o modo como produzimos, nos relacionamos e regulamos nossas interações sociais e institucionais. Conforme argumenta Harari (2018), a IA tem o potencial de mudar não só o que fazemos, mas quem somos, pois interfere diretamente naquilo que antes definia a singularidade humana.

Essa disrupção é especialmente perceptível no campo do trabalho. A Inteligencia Artificial vem modificando as formas de produção, gestão e controle. A introdução de algoritmos para análise de desempenho, gestão de produtividade e controle de jornada muda profundamente a natureza do vínculo empregatício. Harari (2018, p.150) alerta que "os algoritmos sabem mais sobre nós do que nós mesmos, e essa assimetria de conhecimento pode gerar novas formas de dominação e vigilância". Sendo assim, a disrupção da IA não se limita ao plano técnico: ela atinge a própria essência das relações humanas mediadas pelo trabalho. De acordo com Schwab (2016), é preciso repensar os fundamentos éticos e jurídicos que sustentam a atividade laboral diante da ascensão de sistemas inteligentes.

A ideia de inovação disruptiva implica também em resistência. Muitas das instituições jurídicas, sindicais e políticas ainda operam com base em pressupostos da era industrial, o que dificulta a absorção dos impactos da IA. Conforme argumenta Souza (2022, p.88), "a inteligência artificial impõe um desafio institucional de atualização normativa e de formação técnica dos operadores do direito, que precisam compreender os fundamentos e os limites dessa tecnologia". Isso significa que a disrupção provocada pela IA não pode ser enfrentada com respostas conservadoras. É necessário desenvolver novos quadros teóricos e metodológicos que permitam lidar com os efeitos colaterais da automação inteligente.

A lógica disruptiva da Inteligência Artificial também se manifesta na forma como ela reorganiza os fluxos de poder nas estruturas institucionais e sociais, de maneira que a capacidade dos sistemas inteligentes processarem decisões com base em dados massivos desafia o modelo hierárquico tradicional de autoridade. Como aponta Schwab (2016, p.126), "os algoritmos estão substituindo o julgamento humano em áreas como finanças, diagnósticos médicos e gestão pública, criando novos centros de decisão algorítmica", cuja centralidade algorítmica exige uma nova concepção de responsabilidade e de accountability, pois as decisões não são mais tomadas exclusivamente por sujeitos humanos identificáveis. Para Harari (2018), esse deslocamento da autoridade para os algoritmos exige um novo contrato social que inclua mecanismos de supervisão técnica e jurídica sobre os sistemas de IA.

Neste mesmo panorama, observa-se que a disrupção da IA também atinge o campo da subjetividade e, ao ser capaz de aprender com o comportamento humano e antecipar ações com base em perfis digitais, a IA transforma a experiência individual em matéria-prima para decisões automatizadas. Isso impacta diretamente a noção de autonomia e de livre arbítrio nas relações laborais e de consumo.

Ferreira (2022, p.65) destaca que "o uso de dados comportamentais para tomada de decisão cria assimetrias que afetam a autodeterminação dos sujeitos, tornando-os objetos de cálculo algorítmico". Essa despersonalização coloca em xeque as garantias clássicas do direito liberal e reforça a necessidade de proteção reforçada dos dados pessoais e das liberdades individuais, como também sustenta Souza (2022) ao argumentar que a regulação da IA deve se orientar pelos princípios da dignidade humana e da equidade distributiva.

Com base nessa transformação estrutural, é evidente que a IA não deve ser regulada apenas como ferramenta, mas como agente transformador de lógicas institucionais e, dentro deste panorama, sua natureza disruptiva está no fato de não operar isoladamente, mas de integrar sistemas interdependentes que redefinem tempo, espaço e valor no mundo do trabalho e da justiça. Schwab (2016, p.132) observa que "a convergência entre IA, biotecnologia e internet das coisas cria uma nova arquitetura institucional baseada na velocidade e na conectividade", o que exige uma resposta regulatória transversal e integrada, que considere os efeitos da IA sobre os direitos fundamentais e sobre o equilíbrio democrático entre tecnologia, mercado e sociedade. Harari (2018) complementa que ignorar essa convergência pode levar à obsolescência das instituições e à fragilização dos mecanismos de controle público.

Em complemento, é importante considerar que a disrupção promovida pela IA impõe novos critérios de valoração do trabalho humano e, ao automatizar funções cognitivas, a IA redefine o que é considerado trabalho produtivo e quem são os sujeitos socialmente valorizados. Souza (2022, p.92) argumenta que "as tecnologias inteligentes podem gerar uma nova hierarquia ocupacional, excluindo trabalhadores cujas habilidades não se encaixam no modelo digital", cujo cenário de exclusão tecnológica exige políticas públicas de inclusão e requalificação, capazes de garantir que a inovação seja socialmente distribuída e que os benefícios da IA não se concentrem em poucas mãos. Ferreira (2022) reforça que o direito do trabalho precisa se antecipar a essas mudanças, reconhecendo novas formas de vínculo, competência e proteção no contexto digital.

Dando continuidade a esta reflexão, a compreensão da IA como inovação disruptiva requer também o reconhecimento de seus limites e contradições e, desta forma, a automação inteligente pode, paradoxalmente, aumentar desigualdades se aplicada sem critérios éticos e sem mecanismos de compensação social. Harari (2018, p.157) alerta que "os algoritmos podem perpetuar injustiças históricas ao aprender com dados enviesados, tornando a discriminação automatizada ainda mais difícil de detectar e corrigir".

Isso reforça a necessidade de que o desenvolvimento da IA seja acompanhado por princípios normativos claros, como a transparência, a auditabilidade e o controle social, sustentando Schwab (2016) que as tecnologias emergentes devem ser reguladas por um novo modelo de governança colaborativa, capaz de combinar inovação com equidade e justiça social.

Nesse contexto, torna-se imprescindível que os marcos regulatórios acompanhem a velocidade da inovação, promovendo não apenas a adaptação das normas existentes, mas a criação de dispositivos jurídicos novos, capazes de responder aos desafios inéditos colocados pela IA. Souza (2022, p.96) propõe a construção de um direito do trabalho digital que considere os novos formatos de vínculo, remuneração, controle e vigilância. Esse novo direito não deve ser apenas reativo, mas orientado pela função promocional do Estado, garantindo condições para que a IA seja uma aliada na promoção de justiça social. Harari (2018) complementa essa visão ao afirmar que, em um mundo algorítmico, o papel do legislador não é apenas proteger o passado, mas imaginar e instituir futuros mais justos e equilibrados.

IMPACTOS DA INTELIGÊNCIA ARTIFICIAL NA JUSTIÇA DO TRABALHO BRASILEIRA

A INCORPORAÇÃO DA INTELIGÊNCIA ARTIFICIAL NA JUSTIÇA DO TRABALHO

É importante salientar, neste particular, que a IA vem sendo progressivamente empregada em sistemas de gestão de segurança do trabalho, especialmente nos setores mais expostos a condições insalubres. Em unidades fabris e canteiros de obra, por exemplo, sensores inteligentes e dispositivos vestíveis (wearables) são utilizados para monitorar em tempo real os níveis de ruído, calor, gases tóxicos e vibrações.

Tais dispositivos, integrados a plataformas de IA, emitem alertas automáticos e acionam protocolos de evacuação, o que contribui para a redução de acidentes e da exposição contínua a agentes nocivos (Souza, 2022, p.80). A esse respeito, Schwab (2016) destaca que a automação inteligente não apenas melhora a produtividade, mas redefine a centralidade do trabalhador na arquitetura do processo produtivo. Essa reconfiguração, entretanto, impõe novos desafios à legislação trabalhista: a insalubridade, tradicionalmente aferida por meio de perícias pontuais baseadas em avaliações momentâneas, deve ser repensada à luz da coleta contínua de dados promovida pela IA.

Estes dados oferecem uma visão mais precisa e dinâmica das condições reais do ambiente laboral e, de acordo com Pagnanelli e Ravasio (2020, p.53), "o uso de inteligência artificial possibilita a construção de mapas de risco atualizados em tempo real, rompendo com a lógica estática dos laudos tradicionais". Dessa forma, há uma ampliação da capacidade de prevenção e, simultaneamente, uma reconfiguração do modo como se entende a prova da insalubridade.

A incorporação da Inteligência Artificial (IA) à Justiça do Trabalho representa um ponto de inflexão institucional, cuja análise demanda a compreensão de seus efeitos operacionais e simbólicos. A capacidade de processar grandes volumes de dados com rapidez, acurácia e padrões consistentes tem tornado a IA uma ferramenta indispensável para a racionalização das rotinas forenses. Ferreira (2022, p.59) observa que "a experiência do sistema Victor no STF demonstra que a IA pode auxiliar na triagem de processos e na identificação de demandas repetitivas, otimizando o tempo dos magistrados para as decisões de maior complexidade".

Esse redirecionamento da atuação judicial permite maior atenção aos princípios da razoável duração do processo e da eficiência previstos no art. 5º, inciso LXXVIII, da Constituição Federal. Nos termos de Schwab (2016), a automação das funções repetitivas do Judiciário não significa desumanização, mas reorientação das atividades judicantes para o que é estratégico e interpretativo.

É nesse contexto que a Justiça do Trabalho torna-se um terreno fértil para o uso da IA em análises preditivas, extração de padrões de jurisprudência e identificação de riscos processuais. Harari (2018, p.158) destaca que "a IA se adapta a qualquer campo estruturado em linguagem e regras, o que a torna ideal para sistemas jurídicos baseados em textos legais e precedentes".

Assim, a digitalização e a informatização da Justiça do Trabalho são o ponto de partida para a construção de um ecossistema judiciário mais inteligente, em que o foco seja a garantia substancial dos direitos e não apenas na sua formalização. De acordo com Souza (2022), essa transição exige investimentos públicos, capacitação técnica e segurança normativa, a fim de garantir que a IA seja utilizada como meio de efetivação dos direitos fundamentais do trabalhador.

IA NA PRODUÇÃO DE PROVAS E PREVENÇÃO DE LITÍGIOS TRABALHISTAS

A introdução da inteligência artificial (IA) na produção de provas e na prevenção de litígios trabalhistas tem provocado uma transformação significativa na forma como as relações de trabalho são fiscalizadas e judicializadas. Com o uso de sensores ambientais, dispositivos vestíveis e câmeras inteligentes, é possível realizar perícias digitais e fiscalizações remotas de ambientes laborais com precisão, segurança e agilidade, bem como auxiliar as empresas na estruturação de ambientes salubres.

Souza (2022, p.108) afirma que "a IA aplicada à perícia judicial permite uma análise contínua e objetiva das condições de trabalho, fornecendo dados confiáveis que fortalecem o convencimento do juiz e reduzem a margem de subjetividade nas decisões". Além de aumentar a confiabilidade dos laudos periciais, essa tecnologia favorece a antecipação de medidas preventivas, evitando o agravamento das condições insalubres e, consequentemente, o ajuizamento de ações trabalhistas.

Essa nova abordagem probatória ganha especial relevância no contexto dos ambientes insalubres, no qual a simples observação in loco nem sempre é suficiente para identificar os riscos aos quais os trabalhadores estão submetidos. Com a IA, é possível realizar o monitoramento contínuo desses espaços, registrando variações de temperatura, umidade, partículas em suspensão e ruído, entre outros indicadores.

Ferreira (2022, p.85) salienta que "os sistemas inteligentes permitem capturar evidências em tempo real, com capacidade de armazenar e cruzar dados que seriam inviáveis à percepção humana, conferindo maior robustez técnica às demandas judiciais". Além de auxiliar na apuração de responsabilidades em processos já em curso, essa capacidade de vigilância automatizada cria um campo fértil para ações de compliance trabalhista, estimulando empregadores a adotarem medidas corretivas antes que os danos se concretizem ou se agravem.

Outro aspecto que merece destaque é o impacto da IA na celeridade processual das ações trabalhistas, uma vez que a automação da coleta e análise de provas reduz o tempo necessário para a conclusão de diligências periciais e produção de laudos técnicos. A digitalização dos ambientes de trabalho e a integração de bancos de dados com inteligência analítica possibilitam respostas mais ágeis às demandas judiciais, otimizando a tramitação dos processos.

De acordo com Ferreira (2022, p.88), "a automação da perícia judicial, somada à inteligência preditiva na triagem de provas, promove uma nova lógica processual baseada na eficiência e na racionalização dos atos instrutórios". Essa realidade coloca em pauta a necessidade de reestruturação dos próprios procedimentos legais, de modo a incorporar a tecnologia sem sacrificar as garantias do contraditório, da ampla defesa e da imparcialidade do julgador, pilares fundamentais do processo justo.

Com base nas aplicações já observadas, é importante destacar que a IA também contribui para a redução da litigiosidade trabalhista ao permitir a detecção precoce de irregularidades e riscos nos ambientes laborais. Sistemas automatizados de auditoria contínua podem identificar desvios de conduta, exposição prolongada a agentes nocivos e falhas operacionais em tempo real, fornecendo subsídios para a tomada de decisões gerenciais preventivas, auxiliando as empresas na estruturação de ambientes salubres.

Souza (2022, p.111) afirma que "a automação de rotinas de fiscalização no campo da segurança do trabalho representa um avanço estratégico, pois antecipa o diagnóstico de situações críticas, muitas vezes negligenciadas por limitações humanas ou operacionais". Isso significa que a IA não apenas qualifica o processo de apuração de fatos no curso de uma ação judicial, mas também se projeta como ferramenta de governança corporativa, com potencial para impactar positivamente as relações laborais e a cultura organizacional.

A Transformação da Prova Pericial com Uso de Dados Digitais

Inicialmente, cabe expor que a implementação da IA na Justiça do Trabalho também traz implicações sobre o modelo de produção da prova, especialmente nas ações que envolvem insalubridade, periculosidade e jornada extraordinária. Sistemas de monitoramento baseados em sensores, wearables e registros automatizados de ponto podem produzir dados que, processados por algoritmos, subsidiem de forma objetiva a atuação pericial e o convencimento do magistrado.

Ferreira (2022, p.63) afirma que "os dados digitais podem se converter em provas mais precisas, transparentes e menos suscetíveis a manipulações, conferindo maior imparcialidade à decisão judicial". Já segundo Schwab (2016), a validade dessas provas depende da transparência dos algoritmos, da rastreabilidade dos dados e da existência de protocolos que assegurem o contraditório e a ampla defesa. Dessa forma, a IA não substitui o juiz, mas redefine as bases técnicas sobre as quais ele forma seu convencimento.

É relevante esclarecer que a prova pericial tem papel relevante no âmbito do processo do trabalho, especialmente em demandas que envolvem insalubridade, periculosidade, acidente laboral e doenças ocupacionais. Nesse cenário, a inteligência artificial (IA) tem promovido uma mudança paradigmática no modo como as perícias são conduzidas, documentadas e analisadas. A inserção de dados digitais oriundos de dispositivos inteligentes e sensores ambientais tem conferido maior precisão às análises técnicas realizadas pelos peritos judiciais, tornando a prova pericial mais objetiva e menos sujeita à controvérsia subjetiva (Souza, 2024).

O uso de tecnologias vestíveis (wearables), que monitoram o ritmo cardíaco, a movimentação corporal e a exposição a agentes de risco, tem se tornado uma fonte robusta de evidência digital nas perícias judiciais, cujos dados, quando processados com o auxílio da IA, permitem reconstruções detalhadas da rotina de trabalho e da exposição a condições nocivas. Segundo Lopes e Pivatto (2023), a substituição de narrativas exclusivamente testemunhais por registros digitais contribui para o fortalecimento do princípio da verdade real, amplamente consagrado no Direito do Trabalho.

Ao interpretar grandes volumes de dados (big data), a IA permite que a perícia deixe de ser apenas um laudo estático baseado em observação pontual e se torne um processo contínuo e dinâmico, o que é particularmente importante em casos em que os danos à saúde resultam da exposição cumulativa e prolongada a fatores de risco, o que antes era de difícil demonstração. Conforme ensinam Moreira e Fernandes (2020), a IA viabiliza a materialização de um novo tipo de prova técnica, construída com base em séries temporais e padrões comportamentais.

Aliado a isso, não se pode deixar de mencionar a utilização da IA para a análise automatizada de imagens e vídeos captados em ambientes laborais e, desta forma, softwares de visão computacional podem identificar comportamentos de risco, falhas no uso de EPIs e desvios ergonômicos com alta acurácia. Esses registros são utilizados em perícias técnicas como provas visuais, agregando valor probatório ao processo judicial. Nesse sentido, Lopes e Pivatto (2023) destacam que, ao substituir inferências subjetivas por métricas objetivas, a IA contribui para a valorização científica da prova pericial.

A confiabilidade da prova também se amplia com o uso de blockchain na cadeia de custódia dos dados periciais, uma vez que a tecnologia garante que os dados extraídos de sensores e dispositivos não sejam adulterados, conferindo autenticidade às evidências digitais. O Judiciário, ao reconhecer a validade dessa prova com respaldo técnico, fortalece a segurança jurídica das decisões em ações trabalhistas. Moreira e Fernandes (2020) explicam que a rastreabilidade digital é um divisor de águas na credibilidade da perícia judicial.

No contexto da Justiça do Trabalho, a IA também tem potencial para auxiliar os próprios peritos na elaboração de laudos técnicos e, sendo assim, sistemas inteligentes oferecem suporte à decisão, indicando normas técnicas aplicáveis, sugerindo parâmetros legais e comparando casos similares. Isso não apenas agiliza a emissão de laudos, mas também reduz disparidades entre conclusões técnicas diante de situações semelhantes. Nos termos de Souza (2024), essa padronização da atuação pericial fortalece o princípio da isonomia entre as partes.

Não é demais lembrar que a inserção de dados digitais no processo trabalhista permite que evidências objetivas substituam a exigência de comprovação por testemunhas, muitas vezes inibidas ou ausentes. Ao democratizar o acesso à prova técnica, a IA contribui para a efetivação do princípio da proteção, base do Direito do Trabalho, reforçando Lopes e Pivatto (2023) que essa mudança promove uma maior equidade no processo judicial.

Aliado a isso, salienta-se que a IA tem permitido a criação de modelos periciais preditivos com base em bancos de dados alimentados por ações anteriores, os quais são capazes de indicar, com elevada taxa de acerto, a provável origem ocupacional de uma doença, a relação entre tarefas e patologias e até mesmo os riscos futuros para categorias inteiras de trabalhadores. Segundo Lopes e Pivatto (2023), essa abordagem transforma a prova pericial de um instrumento retrospectivo em uma ferramenta de prevenção estrutural.

A integração entre peritos, juízes e assistentes técnicos tem sido aprimorada com plataformas digitais inteligentes que organizam e cruzam os dados periciais, facilitando o diálogo técnico e a avaliação crítica dos laudos. Dentro deste panorama, Moreira e Fernandes (2020) enfatizam que a IA favorece a transparência e a contestação qualificada da prova técnica, rompendo com a lógica de laudo "inquestionável", que tantas vezes prejudica a ampla defesa.

A evolução da prova pericial com o uso de dados digitais e IA está, da mesma forma, impactando o tempo de tramitação dos processos, levando-se em consideração o fato de que a automação de etapas técnicas, como a coleta de dados e a formatação de laudos, reduz significativamente o tempo de resposta do sistema judicial. Isso tem reflexos diretos na efetividade da prestação jurisdicional e no direito à duração razoável do processo, conforme previsto no artigo 5º, inciso LXXVIII, da Constituição Federal (Brasil, 1988).

Há, ainda, ganhos quando o assunto versa acerca da padronização dos laudos, no que diz respeito a uniformização da jurisprudência e, desta forma, modelos de IA que extraem elementos recorrentes dos laudos e decisões permitem a identificação de teses jurídicas e técnicas predominantes, conferindo maior estabilidade e previsibilidade às decisões. Souza (2024) sustenta que essa homogeneização é essencial para garantir segurança jurídica na era digital.

IA COMO APOIO NA INSTRUÇÃO E JULGAMENTO DE AÇÕES TRABALHISTAS

É interessante explanar, neste particular, que ferramentas de IA já são utilizadas para a análise automática de peças processuais, o reconhecimento de padrões decisórios e a organização probatória, tornando os atos judiciais mais céleres e eficientes. Conforme observam Machado e Colombo (2021), a IA não substitui o juiz, mas atua como instrumento de apoio racional, ampliando a capacidade cognitiva do julgador diante da complexidade dos litígios.

Na fase de instrução, os algoritmos baseados em linguagem natural (NLP - Natural Language Processing) têm sido empregados para identificar automaticamente os pontos controvertidos nas petições iniciais e defesas, o que permite que o juiz direcione a coleta de provas de forma mais precisa, evitando dilações desnecessárias. Segundo Ramos (2022), essa funcionalidade da IA contribui para uma instrução mais objetiva e para a concentração dos atos instrutórios nos temas efetivamente relevantes para o desfecho da causa.

Da mesma forma é possível ressaltar a análise de documentos anexados ao processo, como contratos, registros de ponto, laudos e holerites, sendo que, por meio de sistemas de leitura automatizada, extraem-se informações relevantes, identificam-se incongruências e cruzam-se dados com bases externas, como e-Social e CNIS. Essa capacidade analítica favorece a descoberta da verdade real e fortalece a busca por decisões justas, como destacam Machado e Colombo (2021), ao ressaltar que o juiz do trabalho deve ser um técnico com sensibilidade social, mas também com apoio científico.

Aliado a isso, ressalta-se a organização e a classificação do acervo probatório, uma vez que sistemas inteligentes podem sugerir a pertinência ou a irrelevância de determinadas provas com base na jurisprudência predominante e nos elementos apresentados pelas partes. Essa triagem, embora não substitua a decisão judicial, auxilia na racionalização da análise probatória e, conforme Souza (2024), a IA pode funcionar como uma espécie de "clerk digital", liberando o magistrado de tarefas mecânicas para que este se concentre em aspectos valorativos e interpretativos do caso.

No momento do julgamento, a IA pode apresentar resumos automáticos dos autos, indicando precedentes análogos e até mesmo elaborar esboços de decisões com base em julgados anteriores do próprio magistrado ou da jurisprudência majoritária e, muito embora a decisão final deva permanecer sob controle humano, essa automação parcial contribui para a uniformização de entendimentos e para a redução de decisões contraditórias. Nesse enfoque, Ramos (2022) afirma que o uso consciente da IA pode equilibrar a tensão entre celeridade e segurança jurídica.

Os sistemas preditivos também vêm ganhando espaço no campo da Justiça do Trabalho e, nesta toada, com base em algoritmos de aprendizado de máquina, é possível estimar a probabilidade de êxito de determinadas teses jurídicas, com base em decisões anteriores e variáveis do caso concreto. Essa ferramenta tem servido não apenas aos juízes, mas também às partes, permitindo o redirecionamento de estratégias e a autocomposição de conflitos. Nesse sentido, Machado e Colombo (2021) observam que, embora não sejam infalíveis, os modelos preditivos favorecem a gestão inteligente do processo judicial.

Além disso, os juízes podem contar com dashboards interativos alimentados por IA que facilitam a visualização de dados estatísticos do processo e da unidade jurisdicional, cujas interfaces contribuem para o planejamento da pauta, o acompanhamento de metas e o controle de produtividade, otimizando o tempo do magistrado. Segundo Souza (2024), o uso racional de dados na tomada de decisão judicial é um caminho irreversível para a modernização do Poder Judiciário.

A IA, da mesma forma, proporciona impacto na promoção da igualdade de tratamento entre as partes, pois, ao auxiliar o juiz na identificação de padrões e vieses inconscientes, os sistemas inteligentes colaboram para a imparcialidade das decisões. Ramos (2022) destaca que a tecnologia, se bem aplicada, pode ser aliada na realização prática do princípio da isonomia.

EFICIÊNCIA PROCESSUAL E REDUÇÃO DA LITIGIOSIDADE

Em relação a eficiência processual, fala-se, inicialmente, na automação de tarefas repetitivas, como a triagem de ações, o agrupamento de demandas semelhantes e o preenchimento de despachos ordinatórios, cujos atos, através do auxílio da inteligência artificial, liberam magistrados e servidores para atividades de maior densidade jurídica, conforme observa Souza (2021), ao destacar o papel da IA na superação do formalismo excessivo no processo.

Na prática, essa racionalização tem impacto direto sobre a redução da litigiosidade, especialmente nas ações de massa, em que a identificação automatizada de processos que tratam da mesma matéria, por meio de algoritmos de detecção textual, permite o encaminhamento célere às turmas especializadas ou o julgamento conjunto, evitando decisões conflitantes. Souza (2021) sustenta que esse mecanismo atua como antídoto à jurisprudência lotérica e reforça a função integradora da Justiça.

Além disso, a IA contribui para o estímulo à autocomposição, ao oferecer às partes prognósticos objetivos sobre as chances de êxito de suas demandas com base na análise preditiva de decisões anteriores, de forma que esse recurso favorece acordos precoces, reduz a judicialização desnecessária e fortalece a cultura da resolução consensual de conflitos. Conforme salientam Toledo e Pessoa (2023), a tecnologia pode ser catalisadora de uma justiça mais dialógica, desde que seja mediada com transparência e respeito à autonomia das partes.

Ademais, tem-se que a IA pode ser utilizada para fins de aperfeiçoamento das políticas públicas de acesso à justiça, pois, ao processar dados sobre fluxos de demandas e perfis dos litigantes, o Judiciário pode identificar gargalos sistêmicos e promover ações proativas de prevenção de litígios, como mutirões, campanhas educativas ou reestruturação de varas especializadas. Nesse contexto, Santos (2025) argumenta que o Judiciário eficiente não é apenas o que julga bem, mas o que julga menos por necessidade estrutural.

A IA, da mesma forma, atua na automação de atos processuais ordinários, como intimações, arquivamentos e controle de prazos, o que reduz erros materiais e aumenta a produtividade dos servidores. Com isso, os prazos são mais bem cumpridos, o congestionamento processual diminui e a imagem da Justiça como um sistema lento e ineficaz começa a ser revertida. Souza (2021) ressalta que o processo do trabalho moderno deve aliar celeridade com profundidade, e a IA viabiliza essa conjugação.

Importante destacar que a eficiência promovida pela IA não é meramente quantitativa, levando-se em consideração o fato de que o uso de dashboards analíticos, relatórios gerenciais e mapeamentos automatizados permite que os tribunais identifiquem tendências jurisprudenciais, gargalos de produtividade e setores com alto índice de judicialização, possibilitando uma gestão estratégica do Poder Judiciário. Toledo e Pessoa (2023) destacam que essa dimensão da IA projeta um Judiciário mais responsivo às demandas sociais.

No que tange à requalificação do tempo do julgador, pode-se salientar que, ao ser liberado das tarefas operacionais, o magistrado passa a dispor de maior tempo para a reflexão jurídica, a análise crítica do caso concreto e a fundamentação qualificada das decisões. Isso contribui para a qualidade do serviço jurisdicional e reduz a quantidade de recursos decorrentes de sentenças frágeis. Desta forma, Santos (2025) defende que a tecnologia deve ser instrumento de libertação intelectual do magistrado.

Com a integração entre sistemas de IA e bases de dados públicas, é possível detectar fraudes processuais, litigância de má-fé e uso estratégico abusivo do sistema judicial, o que coíbe práticas nocivas e preserva os recursos do Judiciário para litígios legítimos. Souza (2021) afirma que, ao combater o uso desvirtuado da Justiça, a IA contribui para restaurar a credibilidade e a função pública do processo.

A padronização de rotinas judiciais por meio da IA tem o condão de favorecer o alinhamento com os princípios da eficiência e da duração razoável do processo, previstos no art. 5º, inciso LXXVIII, da Constituição Federal, pois, ao reduzir o tempo de tramitação sem comprometer a qualidade da prestação jurisdicional, o Judiciário passa a cumprir com maior rigor suas funções constitucionais. Para Toledo e Pessoa (2023), a tecnologia deve ser instrumento de efetivação dos direitos fundamentais, e não de sua postergação.

Quanto à prevenção de judicializações repetidas por falhas administrativas, é relevante sinalizar que, ao processar informações provenientes de órgãos públicos e empregadores, os sistemas inteligentes podem indicar inconformidades legais antes mesmo que se transformem em litígios. Diante disso, Santos (2025) observa que a função preventiva do Judiciário será cada vez mais valorizada, e a IA concebida como uma ferramenta essencial nesse novo desenho institucional.

A eficiência processual, da mesma forma, se manifesta na redução de custos operacionais, pois, com a diminuição da carga de trabalho manual, o Judiciário pode redirecionar recursos para áreas sensíveis, como mediação, perícia e inclusão digital. Essa reorganização permite que o sistema se torne mais acessível, especialmente para trabalhadores hipossuficientes que enfrentam obstáculos econômicos ou geográficos para acessar a justiça. Dentro deste enfoque, Toledo e Pessoa (2023) ressaltam que uma justiça eficiente é também uma justiça inclusiva.

Nesse contexto, a eficiência promovida pela IA deve ser compreendida como uma eficiência substantiva, que preserva os valores constitucionais do processo, garantindo, ao mesmo tempo, qualidade, celeridade e justiça material. Santos (2025) destaca que a tecnologia só se justifica na Justiça do Trabalho se contribuir para a realização dos direitos sociais fundamentais, finalidade última desse ramo do Judiciário.

RISCOS ÉTICOS E JURÍDICOS DA IA NA JUSTIÇA DO TRABALHO

É importante salientar, desde logo, que muito embora as ferramentas de IA apresentem potencial para agilizar processos e melhorar a eficiência judicial, seu uso suscita preocupações quanto à imparcialidade, transparência e proteção de dados. Como aponta Peck (2021), o desenvolvimento tecnológico deve estar intimamente vinculado a marcos regulatórios que garantam a observância de direitos fundamentais.

Nesse passo, as decisões baseadas em IA são geradas por modelos de machine learning que não oferecem explicações claras sobre seus critérios de julgamento. Essa circunstância conhecida como "caixa-preta algorítmica", afeta o princípio da motivação das decisões judiciais. Nesse sentido, Doneda (2019) adverte que a falta de transparência algorítmica pode comprometer a própria legitimidade da jurisdição.

Além disso, a introdução da IA na Justiça do Trabalho levanta inquietações sobre a despersonalização da justiça, em que a atividade jurisdicional envolve análise contextual, interpretação do caso concreto e sensibilidade diante das partes envolvidas, aspectos que nem sempre podem ser reduzidos a padrões estatísticos. Peck (2021) destaca que o uso de sistemas automatizados deve respeitar os limites da atuação humana sob pena de desumanizar a prestação jurisdicional.

Não se pode olvidar, ademais, acerca da reprodução de vieses discriminatórios e, desta forma, os algoritmos são treinados com base em grandes volumes de dados históricos que, por sua vez, refletem as assimetrias sociais e econômicas já existentes. Como alerta Doneda (2019), a IA pode internalizar preconceitos estruturais presentes nos dados de treinamento, gerando decisões tendenciosas e discriminatórias no ambiente trabalhista.

Esse cenário é particularmente delicado na Justiça do Trabalho, cuja atuação é pautada pela busca da equidade, sendo certo que eventual adoção de sistemas de IA que reproduzam padrões discriminatórios pode comprometer a função social da jurisdição trabalhista, razão pela qual Peck (2021) adverte, nesta toada, acerca da necessidade de auditorias constantes nos algoritmos para prevenir essas distorções.

Do ponto de vista jurídico, há ainda a discussão que versa acerca da responsabilização por decisões tomadas por sistemas de IA, indagando-se, desde logo: a quem caberia responder por eventuais erros ou injustiças promovidas por decisões automatizadas? Segundo Doneda (2019), o ordenamento jurídico brasileiro ainda não possui um regime claro de imputação de responsabilidade para agentes algorítmicos, o que pode dificultar a reparação de danos causados por essas ferramentas.

Tal questão pode violar o direito ao devido processo legal e ao contraditório, uma vez que a parte prejudicada pode ter dificuldades em impugnar uma decisão cujo fundamento é incompreensível. Nesse sentido, Peck (2021) observa que, para assegurar a ampla defesa, é necessário que o funcionamento dos algoritmos seja compreensível e auditável por peritos e advogados.

Não se pode olvidar, ademais, da proteção de dados pessoais no uso de IA, Levando em consideração o fato de que, no âmbito da Justiça do Trabalho, há sensíveis informações pessoais e profissionais em litígio, como prontuários médicos, registros salariais e dados de desempenho, Doneda (2019) destaca que o tratamento automatizado desses dados deve respeitar os princípios da Lei Geral de Proteção de Dados Pessoais (LGPD), em especial a finalidade, a adequação e a necessidade.

Logo, a adoção da inteligência artificial (IA) no Poder Judiciário brasileiro suscita relevantes questionamentos éticos e jurídicos, sobretudo no que tange à proteção de dados pessoais, à transparência dos algoritmos utilizados e ao risco de desumanização das decisões judiciais. Com a vigência da Lei Geral de Proteção de Dados Pessoais (Lei nº 13.709/2018), qualquer tratamento automatizado de informações no âmbito judicial deve respeitar princípios como finalidade, necessidade, segurança e prestação de contas.

Segundo Ferreira (2022, p.92), "a proteção de dados no uso da IA no Judiciário não é apenas uma exigência técnica, mas um imperativo ético e constitucional que assegura o direito à intimidade e à autodeterminação informativa". Isso implica que a coleta, o armazenamento e a análise de dados judiciais e processuais por sistemas inteligentes devem estar submetidos a controles rigorosos, sob pena de violação de direitos fundamentais dos jurisdicionados.

Dessa forma, é imprescindível avançar na discussão sobre a transparência algorítmica, compreendida como o direito de saber quais parâmetros estão sendo considerados por um sistema de IA ao processar dados e sugerir soluções jurídicas. A ausência de explicações claras sobre o funcionamento interno dos algoritmos pode gerar insegurança jurídica e minar a confiança pública nas decisões automatizadas.

Souza (2022, p.117) alerta que "a opacidade dos algoritmos compromete a legitimidade do processo judicial, especialmente quando a parte afetada não compreende os critérios utilizados para tomada de decisão". Assim, a transparência deve ser acompanhada de mecanismos de auditabilidade e validação externa, garantindo que os sistemas atuem com imparcialidade, previsibilidade e aderência aos princípios constitucionais do contraditório e da ampla defesa.

Além da LGPD, o princípio da autodeterminação informativa deve ser observado, o que significa garantir que os indivíduos tenham controle sobre como seus dados são utilizados por sistemas judiciais automatizados. Sob esse prisma, Peck (2021) argumenta que a autonomia do titular de dados deve ser respeitada mesmo nos contextos em que a IA é utilizada com fins públicos, como é o caso do Poder Judiciário.

A ausência de consentimento expresso ou de informações claras sobre o uso da IA pode comprometer a confiança das partes no processo e, desta forma, a legitimação do uso da tecnologia na Justiça passa, portanto, pela transparência e pela governança dos dados empregados nos sistemas de decisão automatizada. Nessa seara, Doneda (2019) reforça que a opacidade no tratamento de dados pode ser interpretada como afronta ao princípio da boa-fé.

Ainda sobre os riscos éticos, cabe expor a erosão da confiança pública nas instituições judiciais, pois, se as partes perceberem que decisões estão sendo tomadas por "máquinas" insensíveis e com critérios obscuros, o próprio valor simbólico da Justiça pode ser comprometido. Peck (2021) ressalta que a credibilidade do Judiciário depende da percepção de justiça e de legitimidade dos cidadãos.

Há, de igual forma, o risco de que o uso de IA seja motivado exclusivamente por critérios de eficiência gerencial em detrimento da qualidade e da justiça das decisões, sendo certo que a Justiça do Trabalho, por sua natureza protetiva, não pode ser reduzida a metas de produtividade. Doneda (2019) alerta que os indicadores quantitativos não devem substituir critérios qualitativos na avaliação da atuação judicial.

Do ponto de vista institucional, há o risco de que a IA seja utilizada como instrumento de padronização forçada das decisões, ignorando as particularidades de cada processo, cuja padronização, se aplicada indiscriminadamente, pode conduzir a uma justiça automatizada que contraria os princípios da individualização e da proporcionalidade. Doneda (2019) explana, neste particular, que a uniformização de decisões, embora eficiente, não pode ser alçada como valor absoluto.

O uso de IA exige a definição de critérios objetivos para sua implementação, de modo a evitar arbitrariedades e violações de direitos fundamentais. Peck (2021) argumenta que é indispensável estabelecer um marco ético-normativo para o uso responsável da inteligência artificial no Judiciário, com fiscalização contínua e participação da sociedade civil.

O PAPEL DO JUDICIÁRIO FRENTE À AUTOMAÇÃO DO AMBIENTE LABORAL

Nesse particular, é oportuno delimitar que a crescente automação do ambiente laboral impõe ao Judiciário trabalhista novos desafios e responsabilidades quanto à proteção dos direitos fundamentais, de maneira que a utilização de tecnologias como inteligência artificial, robótica e algoritmos no processo produtivo transforma as formas de contratação, controle e avaliação do trabalho humano. Para Cabral et al. (2024), esse cenário exige uma atuação vigilante e crítica do Judiciário para que a dignidade do trabalhador não seja subjugada aos interesses econômicos.

O Judiciário não pode se omitir diante das mudanças estruturais no mundo do trabalho promovidas pela automação, sendo que a sua função constitucional é proceder com a interpretação e a aplicação do Direito do Trabalho de modo a resguardar sua função social e protetiva. Gusmão (2022) ressalta que a justiça laboral deve assumir posição ativa diante das novas formas de exploração do trabalho, que muitas vezes mascaram vínculos empregatícios sob o manto da tecnologia.

A substituição de trabalhadores por sistemas automatizados impacta diretamente o princípio da valorização social do trabalho e, em muitos casos, as empresas utilizam ferramentas digitais para intensificar a cobrança de produtividade e exercer controle permanente sobre o desempenho dos empregados. Cabral et al. (2024) alerta para o risco de essas práticas configurarem uma nova forma de precarização sob a aparência de inovação.

Além do impacto sobre os empregos formais, a automação, da mesma forma, é capaz de afetar a qualidade do vínculo de trabalho: plataformas digitais têm promovido a chamada "uberização" das relações laborais, com jornadas exaustivas, ausência de proteção social e ausência de representação sindical. Gusmão (2022) defende que o Judiciário deve reconhecer esses fenômenos como formas de fraude à legislação trabalhista e aplicar o princípio da primazia da realidade.

Nesse sentido, o papel do Judiciário é indispensável para evitar que a tecnologia seja utilizada como instrumento de supressão de direitos e, desta forma, as decisões judiciais precisam refletir o compromisso constitucional com a justiça social, conforme preconiza o artigo 7º da Constituição Federal. Cabral et al. (2024) enfatiza que o Judiciário deve agir como contrapeso frente ao poder econômico das corporações tecnológicas.

Nesse cenário, é imprescindível que o Judiciário desenvolva sensibilidade para perceber as novas formas de subordinação camufladas em contratos atípicos mediados por algoritmos, pois, por exemplo, o controle exercido por aplicativos, muitas vezes equivale ou supera o poder diretivo do empregador tradicional. Gusmão (2022) afirma que o reconhecimento do vínculo empregatício nessas situações é uma exigência ética e jurídica.

Outro aspecto relevante é a necessidade de reinterpretação das normas trabalhistas à luz das transformações tecnológicas, não se tratando, aqui, de flexibilizar direitos, mas de adaptá-los para garantir sua efetividade diante de novas formas de organização do trabalho. Cabral et al. (2024) destaca que o Direito do Trabalho deve manter seu caráter contramajoritário.

Não se pode deixar de mencionar que o Judiciário deve se posicionar criticamente quanto à narrativa hegemônica de que a automação é um fenômeno neutro e inevitável, considerando que, na prática, a adoção de tecnologias nos ambientes laborais é resultado de escolhas políticas e econômicas. Gusmão (2022) pontua que a neutralidade judicial diante dessas escolhas pode legitimar práticas lesivas aos trabalhadores.

O uso de softwares para avaliação de desempenho, controle de produtividade e gestão de pessoal pode gerar violação à intimidade e dignidade do trabalhador, razão pela qual a jurisprudência trabalhista precisa estabelecer limites claros ao uso dessas ferramentas, especialmente quando envolvem vigilância constante ou tratamento de dados sensíveis. Cabral et al. (2024)

alerta que o direito à desconexão e à privacidade devem ser protegidos mesmo em ambientes altamente automatizados.

Além disso, o Judiciário tem papel fundamental na preservação do princípio da não discriminação, que pode ser comprometido por decisões automatizadas e, sendo assim, algoritmos utilizados em recrutamento e seleção, por exemplo, podem reproduzir preconceitos estruturais. Gusmão (2022) defende que cabe ao Poder Judiciário assegurar que o uso dessas tecnologias esteja em conformidade com os direitos humanos e com os princípios do trabalho decente.

Subsistem impactos acerca da automação em relação às formas de representação coletiva e negociação sindical, cuja fragmentação, promovida pelas plataformas digitais, dificulta a organização dos trabalhadores, exigindo uma resposta institucional que favoreça o diálogo social. Gusmão (2022) propõe que o Judiciário contribua para fortalecer o papel dos sindicatos diante dos novos arranjos produtivos mediados por tecnologia.

O papel pedagógico do Judiciário se manifesta na construção de precedentes que desincentivem práticas abusivas e, desta forma, a jurisprudência deve servir como baliza para orientar condutas empresariais e estimular o uso ético das tecnologias no trabalho. Gusmão (2022) argumenta que decisões judiciais fundamentadas e comprometidas com os direitos sociais exercem função transformadora no tecido social.

A automação traz implicações para o conceito de tempo de trabalho, jornada e descanso: ferramentas digitais tornam tênue a separação entre vida profissional e pessoal, cabendo ao Judiciário reinterpretar esses institutos para garantir que a saúde do trabalhador não seja sacrificada em nome da eficiência, razão pela qual Cabral et al. (2024) propõem uma abordagem humanista para o tempo de trabalho na era digital.

O PAPEL DO DIREITO DO TRABALHO DIANTE DA AUTOMAÇÃO

O avanço das tecnologias digitais e a introdução massiva da inteligência artificial (IA) nos ambientes de trabalho têm exigido uma reconfiguração profunda do Direito do Trabalho. Historicamente concebido para equilibrar a relação entre capital e trabalho em um cenário analógico, o ordenamento jurídico trabalhista enfrenta, hoje, o desafio de preservar os princípios fundamentais da proteção ao trabalhador diante da automação crescente. Segundo Ferreira (2022, p.74), "a tecnologia não pode ser utilizada como justificativa para a precarização das garantias sociais conquistadas, devendo o Direito manter-se como instrumento de contenção das desigualdades estruturais". Essa posição reforça a centralidade do princípio da dignidade da pessoa humana no contexto laboral, cuja efetividade depende da capacidade normativa de acompanhar as transformações tecnológicas sem abrir mão da tutela mínima e da equidade nas relações de trabalho.

A partir dessa constatação, torna-se evidente que a atualização normativa é condição imprescindível para a efetividade da proteção social em uma economia cada vez mais automatizada. O ordenamento jurídico precisa dialogar com os novos formatos laborais surgidos da automação, como o trabalho remoto assistido por IA, a operação de sistemas autônomos e o gerenciamento algorítmico de tarefas. Souza (2022, p.102) observa que "as normas trabalhistas devem se adaptar ao novo contexto tecnológico". Nesse sentido, a regulação do trabalho mediado por IA deve considerar, por exemplo, a definição de responsabilidade em caso de falhas operacionais, a proteção de dados sensíveis dos trabalhadores e a garantia de transparência nas decisões automatizadas, especialmente aquelas relacionadas à contratação, remuneração e desligamento de pessoal.

A necessidade de modernização da legislação trabalhista também se impõe diante das transformações nas formas de subordinação e controle promovidas por plataformas digitais e sistemas de IA. O tradicional conceito de subordinação jurídica, que fundamenta grande parte dos vínculos celetistas, perde sua eficácia quando o controle do trabalho é exercido por meio de algoritmos e métricas automatizadas. Ferreira (2022, p.76) afirma que "a inteligência artificial desafia as categorias clássicas do Direito do Trabalho, exigindo uma releitura dos critérios de subordinação, habitualidade e onerosidade à luz da lógica algorítmica". Esse cenário requer, portanto, uma abordagem interpretativa que amplie o alcance das normas existentes e que, ao mesmo tempo, incentive a produção legislativa capaz de reconhecer e disciplinar as novas formas de controle e organização do trabalho.

A EXPERIÊNCIA DO SISTEMA VICTOR NO STF

O desenvolvimento do sistema Victor pelo Supremo Tribunal Federal (STF) representa uma das iniciativas mais emblemáticas da aplicação da inteligência artificial (IA) no Poder Judiciário brasileiro. Criado com o intuito de auxiliar na triagem e análise de processos com repercussão geral, o sistema utiliza algoritmos treinados em grandes bases de dados para identificar, com alta acurácia, os temas jurídicos predominantes nos recursos extraordinários. Ferreira (2022, p.63) esclarece que "Victor foi concebido para otimizar o fluxo processual do STF, priorizando a eficiência sem comprometer a coerência decisional e a segurança jurídica". Essa iniciativa reflete uma tentativa institucional de enfrentar o acúmulo processual por meio de soluções tecnológicas, reafirmando a importância da inovação como ferramenta de gestão pública na contemporaneidade.

A partir dessa perspectiva, é possível observar que a implementação do sistema Victor no STF inaugura uma nova fase na relação entre Direito e tecnologia, marcada pela integração de ferramentas de IA no processo decisório judicial. O sistema é capaz de ler milhares de petições em tempo reduzido, classificando-as por assunto e identificando demandas repetitivas, o que colabora significativamente para o desafogamento da Corte. De acordo com Ferreira (2022, p.64), "ao empregar técnicas de aprendizado de máquina, Victor reduz a dependência da análise humana, sem, contudo, eliminar o papel do julgador no momento decisivo da controvérsia". Isso demonstra que, mesmo diante de um alto grau de automação, a atividade judicial continua a exigir critérios éticos e jurídicos que somente a razão humana pode assegurar, reforçando a ideia de que a IA deve atuar como suporte, e não como substituto, do magistrado.

Apesar dos avanços obtidos com a implementação do sistema Victor, não se pode negligenciar as limitações técnicas e institucionais que acompanham a introdução da inteligência artificial no âmbito judicial. Um dos principais desafios refere-se à opacidade dos algoritmos, cuja lógica de funcionamento nem sempre é compreensível pelos usuários do sistema jurídico, o que pode comprometer a transparência e a legitimidade das decisões. Ferreira (2022, p.66) reconhece que "a caixa-preta algorítmica constitui um obstáculo relevante para o controle social e jurídico das ferramentas automatizadas, exigindo a construção de mecanismos de auditoria e explicabilidade". Além disso, há a necessidade de garantir que os algoritmos sejam treinados com dados de qualidade, livres de vieses históricos que possam reproduzir desigualdades estruturais no julgamento de casos semelhantes. Isso reforça a tese de que a IA deve ser acompanhada por parâmetros claros de governança, supervisão humana constante e revisão periódica de seus resultados.

Nesse contexto, um dos aspectos que merece destaque é a contribuição do sistema Victor para a uniformização da jurisprudência e a racionalização da análise de precedentes no STF. A IA, ao identificar padrões recorrentes e decisões já consolidadas, auxilia os ministros e assessores a manterem coerência e previsibilidade nos julgamentos, elementos essenciais para a segurança jurídica. Ferreira (2022, p.67) enfatiza que "a capacidade de organização e filtragem de grandes volumes de informação jurídica permite ao sistema Victor indicar precedentes relevantes, poupando tempo e favorecendo decisões mais alinhadas à jurisprudência dominante". Esse recurso tem potencial para melhorar a eficiência institucional sem comprometer os fundamentos constitucionais do devido processo legal, uma vez que a decisão final permanece nas mãos do magistrado. Dessa forma, a IA mostra-se uma aliada na consolidação de um sistema judicial mais acessível, célere e confiável.

A SÚMULA 448, ITEM II, DO TRIBUNAL SUPERIOR DO TRABALHO

CONTEÚDO PREVISTO NO ENTENDIMENTO SUMULAR

A Súmula 448, item II, do Tribunal Superior do Trabalho, dispõe que:

> ATIVIDADE INSALUBRE. CARACTERIZAÇÃO. PREVISÃO NA NORMA REGULAMENTADORA Nº 15 DA PORTARIA DO MINISTÉRIO DO TRABALHO Nº 3.214/78. INSTALAÇÕES SANITÁRIAS.
>
> II - A higienização de instalações sanitárias de uso público ou coletivo de grande circulação, e a respectiva coleta de lixo, por não se equiparar à limpeza em residências e escritórios, enseja o pagamento de adicional de insalubridade em grau máximo, incidindo o disposto no Anexo 14 da NR-15 da Portaria do MTE nº 3.214/78 quanto à coleta e industrialização de lixo urbano.

Conforme o entendimento sumular colacionado, tem-se que a realização de atividades executadas em banheiros de grande circulação não poderiam ser equiparadas à limpeza comum de residências e escritórios, devendo, ser reconhecidas como insalubres em grau máximo, nos termos do Anexo 14, da NR-15, da Portaria nº 3.214/78 do Ministério do Trabalho e Emprego (MTE), o que implicaria no pagamento do adicional de insalubridade em seu grau máximo, que, nos termos da legislação trabalhista (art. 192 da CLT), equivale a 40% do salário mínimo vigente.

A Súmula 448, item II, do Tribunal Superior do Trabalho, consolida um entendimento protetivo no tocante à caracterização da insalubridade na higienização de instalações sanitárias de uso coletivo e de grande circulação. Para Delgado (2020), a insalubridade é um instituto jurídico que visa proteger a saúde e a integridade física do trabalhador frente a agentes nocivos no ambiente laboral. A higienização de banheiros públicos, dada sua natureza e exposição a agentes biológicos, encaixar-se-ia nessa lógica protetiva do Direito do Trabalho.

Essa interpretação reconhece a insalubridade sanitária presente na atividade de limpeza de banheiros públicos, entendendo que tal atividade pode expor o trabalhador a agentes biológicos nocivos, como vírus, bactérias e resíduos orgânicos humanos em alta frequência, e que a realidade dos ambientes de uso coletivo — como rodoviárias, escolas, shoppings, hospitais, entre outros — ofereceria riscos superiores aos encontrados em ambientes privados ou administrativos convencionais.

Ao determinar que a limpeza de banheiros públicos e a coleta de lixo nessas áreas configuram insalubridade em grau máximo, o TST reconhece que tais atividades envolvem contato direto com dejetos humanos, resíduos orgânicos e micro-organismos potencialmente patogênicos. Barros (2017) sustenta que, ao interpretar as normas trabalhistas, deve-se considerar o efetivo risco à saúde do trabalhador e não apenas a descrição formal da função ou o local de trabalho.

Delgado (2020) argumenta que a Súmula 448/II corrige uma distorção histórica em que empregadores equiparavam, indevidamente, a limpeza de ambientes com grande circulação de pessoas — como rodoviárias, hospitais e escolas — à de ambientes domésticos ou administrativos, desconsiderando o grau elevado de risco biológico envolvido. Desta forma, a jurisprudência consolidada avança na proteção da saúde dos trabalhadores de limpeza urbana e de serviços gerais.

De acordo com Barros (2017), essa súmula reafirma a importância da análise qualitativa do ambiente e da atividade exercida, e não apenas de seu enquadramento formal. Ao elidir a analogia entre a higienização de banheiros públicos e a limpeza em escritórios ou residências, o TST reforça o caráter protetivo do Direito do Trabalho e, desta forma, a jurisprudência do Tribunal consolidada nessa súmula entende que o risco à saúde nessas atividades é equivalente ao enfrentado por trabalhadores envolvidos com a coleta e o tratamento de lixo urbano, conforme previsto no Anexo 14 da NR-15, o que justifica o enquadramento no grau máximo de insalubridade.

Sob a perspectiva dos direitos fundamentais, Barros (2017) relaciona o conteúdo da súmula ao artigo 7º, inciso XXII, da Constituição Federal, que assegura a redução dos riscos inerentes ao trabalho por meio de normas de saúde, higiene e segurança.

Delgado (2020) levanta o reconhecimento no sentido de que a insalubridade em grau máximo não poderia ser afastada por laudos técnicos que desconsiderem a realidade concreta do ambiente, razão pela qual o julgador deve, nesses casos, avaliar a prova pericial com base em critérios de razoabilidade e proporcionalidade, sobretudo quando há elementos objetivos que evidenciem a exposição do trabalhador a agentes insalubres.

Levando-se em consideração o exposto, é possível concluir que a Súmula 448, item II, do Tribunal Superior do Trabalho (TST), dispõe sobre a caracterização da insalubridade em atividades laborais desenvolvidas em ambientes com instalações sanitárias, em especial aquelas com uso coletivo e higienização precária. O entendimento sumular estabelece que, nessas condições, é possível o reconhecimento do adicional de insalubridade em grau máximo, especialmente quando constatada a exposição habitual a agentes biológicos.

A aplicação da súmula não se dá de maneira automática. É necessária a constatação técnica por meio de laudo pericial elaborado por profissional habilitado com base nas Normas Regulamentadoras do Ministério do Trabalho e nos parâmetros técnicos reconhecidos, para que se reconheça ou não a insalubridade. Nesse sentido, a perícia judicial assume um papel indispensável na aferição das reais condições ambientais, podendo, inclusive, afastar a incidência do adicional se verificar a inexistência de exposição a agentes insalubres em níveis nocivos.

Do ponto de vista das empresas, essa perspectiva é relevante uma vez que a própria jurisprudência tem reconhecido que, em muitos casos, a existência de banheiros ou vestiários compartilhados, por si só, não configura ambiente insalubre, especialmente quando há comprovação de limpeza regular, fornecimento de Equipamentos de Proteção Individual (EPIs) adequados e adoção de medidas de controle. Dessa forma, a Súmula 448 deve ser compreendida como diretriz interpretativa sujeita à análise concreta de cada situação a partir da prova técnica produzida nos autos.

ANÁLISE PRÁTICA DE BANHEIROS AUTOMATIZADOS

A evolução tecnológica aplicada às instalações sanitárias no ambiente laboral tem proporcionado soluções que impactam diretamente na discussão sobre insalubridade e, desta forma, os chamados "banheiros automatizados" representam um exemplo concreto de como a modernização estrutural pode contribuir para minimizar ou até eliminar a exposição dos trabalhadores a agentes insalubres.

Tais instalações, geralmente equipadas com sensores de descarga, torneiras automáticas, sistemas de ventilação forçada e protocolos rígidos de higienização, tendem a reduzir significativamente o risco biológico e, nesse contexto, a perícia técnica, ao analisar as condições objetivas do local, pode concluir pela inexistência de insalubridade, ainda que a atividade envolva uso coletivo de sanitários, em razão da efetiva neutralização dos agentes de risco.

Exemplificativamente, salienta-se que, a partir de novembro 2024, a população de Belo Horizonte passou a contar com cinco banheiros públicos autolimpantes instalados na região central da cidade. A iniciativa integra o programa municipal "Centro de Todo Mundo", coordenado pela Prefeitura de Belo Horizonte (PBH), que formalizou um contrato no valor de R$ 1 milhão com a empresa CleanSe, conforme publicação no Diário Oficial do Município (DOM) na última sexta-feira (18) (Itatiaia, 2024).

Os equipamentos contam com tecnologia de abertura, fechamento e higienização automatizadas, estrutura em aço inoxidável com sistema antivandalismo e acessibilidade garantida para pessoas com deficiência. O design foi pensado para aliar funcionalidade e segurança, promovendo conforto e dignidade no uso do espaço público. Cada banheiro publico autolimpante tem um custo mensal de R$ 17.500, sendo que o prazo de vigência do acordo, que se iniciou em novembro de 2024, é de 12 meses a partir da assinatura, podendo ser prorrogado por até cinco anos, de acordo com a PBH (Itatiaia, 2024).

A CleanSe, vencedora do processo licitatório, já opera equipamentos semelhantes em cidades como Balneário Camboriú e São José, em Santa Catarina. Os banheiros seguem o modelo adotado em cidades como Paris, na França, com tecnologia antivandalismo e operação autônoma de limpeza. Os banheiros autolimpantes utilizam tecnologia nacional e foram projetados para garantir durabilidade, facilidade de manutenção e uso contínuo. O sistema permite reposição rápida de peças e funcionamento ininterrupto mesmo em caso de avarias (Itatiaia, 2024).

Cada unidade sanitária é composta por duas cabines individuais, ambas equipadas com vaso sanitário, pia, dispensador de sabonete líquido, papel higiênico, secador de mãos e lixeira, com abastecimento diário garantido, sendo que todo o acionamento dos dispositivos – como liberação de água, sabão e acionamento do secador – é feito por meio de sensores de aproximação, o que elimina a necessidade de contato físico e reduz significativamente o risco de contaminação por agentes microbiológicos. Como meio de facilitar a utilização, uma mensagem de áudio orienta o usuário sobre o uso correto do espaço (Prefeitura de Belo Horizonte, 2024).

As portas contam com sinalização luminosa para indicar o status da cabine: "livre" (luz verde), "desligado" (luz vermelha), "ocupado" (luz amarela) e "em limpeza" (luz azul). O fechamento automático ocorre após 10 segundos de inatividade, embora a porta também possa ser aberta e fechada manualmente conforme a necessidade do usuário. Em caso de emergência, um sensor interno pode ser acionado, promovendo a abertura automática da porta por um período de dois minutos (Prefeitura de Belo Horizonte, 2024).

O processo de limpeza é completamente automatizado e, assim que a cabine é desocupada, sensores detectam a ausência de presença humana e ativam o sistema de higienização. A limpeza é realizada por meio de sprinklers (chuveiros hidráulicos) instalados no piso, que borrifam água e produtos desinfetantes, garantindo a assepsia do ambiente antes da próxima utilização (Prefeitura de Belo Horizonte, 2024).

Mais especificamente em Paris, os banheiros públicos são totalmente automatizados e realizam uma higienização completa após cada utilização. Desta forma, assim que a porta é fechada, o sistema entra em ação, lavando o assento sanitário, desinfetando o piso e esterilizando todo o interior da cabine com jatos de água e produtos específicos. A iniciativa alia inovação tecnológica à promoção da saúde pública, assegurando elevados padrões de limpeza mesmo em áreas de grande circulação, e tem servido de referência para diversas cidades ao redor do mundo (Amorim, 2025).

Essas unidades sanitárias realizam um ciclo de autolimpeza entre cada uso, sendo que os indicadores luminosos informam a situação da cabine: "Occupé" sinaliza que está ocupada; "Lavage" indica que está em processo de higienização — o que pode ser percebido pelo som característico semelhante ao de uma máquina de lavar louça; "En service" significa que a unidade está disponível; e

“Hors service” aponta que o equipamento está fora de funcionamento (Secrets of Paris, 2020).

Para utilizar, basta acionar o botão de abertura e a porta se abre automaticamente. Para que a a porta se feche e tranque automaticamente, deve-se pressionar o botão com setas de fechamento sem necessidade de contato manual. A porta permanece trancada até que o usuário pressione o botão de abertura ou, automaticamente, após 15 minutos — evitando longas permanências no interior da cabine. Em caso de falha no sistema, uma alavanca vermelha de emergência pode ser acionada para abertura manual (Secrets of Paris, 2020).

O interior é equipado com pia, espelho, dispenser de sabonete líquido, papel higiênico (sujeito à reposição), ganchos para objetos pessoais e sistema de descarga dupla — com botões para acionamento de fluxo leve ou forte, e as descargas só são efetivamente acionadas após a saída do usuário, como parte do ciclo de limpeza automatizado. Ao final do uso, ao sair da cabine, a porta se fecha automaticamente e o sistema inicia um processo de higienização que dura cerca de 15 segundos. O procedimento torna essencial aguardar o término do ciclo antes de um novo uso, pois entrar imediatamente após o usuário anterior pode resultar em exposição à água do processo de lavagem (Secrets of Paris, 2020).

É importante ressaltar que os tribunais trabalhistas, embora adotem a Súmula 448 como orientação jurisprudencial, têm considerado a prova pericial como decisiva na formação do convencimento judicial, sendo que, em diversas ações, o laudo elaborado por profissional habilitado demonstrou que a presença de banheiros automatizados, aliados a rotinas eficazes de limpeza e manutenção, afasta a caracterização de insalubridade, mesmo em atividades que antes seriam consideradas de risco presumido.

Sob a ótica do empregador, tais investimentos em infraestrutura e protocolos de biossegurança não apenas contribuem para a proteção da saúde dos trabalhadores, mas também reforçam a defesa técnica em eventual demanda judicial. Assim, a análise prática desses ambientes reforça que a discussão sobre insalubridade não pode ser genérica ou presumida, exigindo avaliação casuística, técnica e contextualizada.

CONTRIBUIÇÕES DA IA: BANHEIROS AUTOMATIZADOS

Levando-se em consideração o que foi exposto, observa-se que a incorporação da inteligência artificial (IA) em instalações sanitárias públicas representa uma inovação tecnológica que contribui diretamente para a eliminação ou significativa mitigação de riscos ocupacionais previstos na Súmula 448, item II, do Tribunal Superior do Trabalho (TST). A referida súmula reconhece como insalubre em grau máximo a higienização de banheiros públicos ou de uso coletivo de grande circulação, em virtude da exposição direta dos trabalhadores a agentes biológicos potencialmente patogênicos, como vírus, bactérias e resíduos orgânicos humanos, conforme previsto no Anexo 14 da NR-15 da Portaria nº 3.214/78 do Ministério do Trabalho e Emprego.

Nesse contexto, a aplicação da IA a sistemas de autolimpeza e automação sanitária tem potencial transformador no enfrentamento das condições insalubres tradicionalmente associadas a essa atividade, pois, por meio de sensores inteligentes, atuadores automatizados e algoritmos de controle, os banheiros autolimpantes são capazes de realizar procedimentos complexos de higienização sem a necessidade de intervenção humana direta. Isso significa que a IA pode operar como elemento técnico de eliminação do agente insalubre – medida prevista como prioritária nas normas regulamentadoras antes da concessão do adicional de insalubridade (NR-15, item 15.4.1).

O uso de IA nesses equipamentos possibilita a identificação de padrões de utilização, o acionamento automático de ciclos de limpeza e o controle preciso da dosagem de produtos desinfetantes, garantindo padrões elevados de assepsia com economia de recursos e segurança sanitária. Além disso, sistemas com capacidade de autoaprendizado podem ajustar a frequência e intensidade da higienização conforme os horários de pico de uso e o histórico de operação, otimizando o funcionamento em tempo real.

Essa inteligência embarcada nos equipamentos da mesma forma é capaz de proporcionar maior rastreabilidade das ações de limpeza, gerando relatórios automáticos de uso e higienização, que podem ser acessados por gestores públicos para fins de fiscalização, auditoria e melhoria contínua do serviço, cuja rastreabilidade responde diretamente à demanda por transparência e controle sanitário nos espaços públicos, ao mesmo tempo que preserva os trabalhadores de tarefas insalubres e repetitivas, como a limpeza manual de vasos sanitários, pisos e áreas contaminadas.

Além disso, ao reduzir a necessidade de mão de obra em tarefas de alto risco biológico, a IA contribui para a reconfiguração das condições de trabalho no setor de limpeza urbana, deslocando o foco da atuação humana para funções de supervisão, manutenção técnica e controle operacional. Esse deslocamento valoriza o trabalho intelectual e técnico e promove melhores condições de saúde ocupacional, em consonância com os princípios constitucionais da dignidade da pessoa humana e da valorização do trabalho, previstos nos arts. 1º, III, e 7º, XXII, da Constituição Federal.

A inteligência artificial, da mesma forma, tem o condão de colaborar com a promoção da acessibilidade universal, ao permitir que pessoas com deficiência interajam com os sistemas sanitários sem a necessidade de contato físico com superfícies, minimizando barreiras arquitetônicas e sanitárias. Atraves do uso de sensores de proximidade, comandos por voz e sinalizações luminosas automatizadas, os banheiros inteligentes proporcionam inclusão, autonomia e segurança, seguindo diretrizes da Convenção sobre os Direitos das Pessoas com Deficiência, incorporada ao ordenamento jurídico brasileiro com status de norma constitucional (Decreto nº 6.949/2009).

Outro aspecto relevante diz respeito ao papel da IA na gestão preventiva de falhas. Sistemas equipados com inteligência artificial são capazes de identificar anomalias de funcionamento e acionar automaticamente protocolos de manutenção corretiva ou preventiva, cuja capacidade não apenas garante a continuidade do serviço público, mas também evita que trabalhadores sejam expostos a ambientes contaminados devido à falha de equipamentos, reforçando o princípio da prevenção de danos à saúde no ambiente laboral.

A aplicação de IA em banheiros automatizados é de igual forma relevante do ponto de vista orçamentário e estratégico, pois, ainda que os custos iniciais de implantação sejam superiores aos dos banheiros convencionais, os ganhos com a redução de passivos trabalhistas, economia de insumos, mitigação de riscos e valorização da imagem institucional justificam o investimento sob uma perspectiva de longo prazo, conforme demonstrado por experiências como a de Paris e, mais recentemente, de Belo Horizonte.

Vale ressaltar que, conforme enfatizam autores como Delgado (2020) e Barros (2017), o Direito do Trabalho deve estar em constante diálogo com os avanços sociais e tecnológicos. Desta forma, a adoção de banheiros inteligentes automatizados exemplifica uma prática concreta em que a tecnologia pode ser empregada para efetivar os direitos sociais trabalhistas, não como forma de substituição indiscriminada da força de trabalho, mas como ferramenta de promoção da saúde, segurança e dignidade no exercício de funções que tradicionalmente envolvem alto risco.

Diante do que foi exposto, há de ser considerado que aplicação de tecnologias baseadas em inteligência artificial (IA) tem ampliado as possibilidades de controle ambiental e prevenção de riscos biológicos em ambientes como banheiros de uso coletivo e, desta forma, sistemas inteligentes integrados à infraestrutura sanitária permitem, por exemplo, o monitoramento em tempo real da frequência de uso, detecção de falhas na higienização e ativação automática de procedimentos de limpeza e desinfecção.

Esses avanços têm sido incorporados em projetos arquitetônicos voltados à segurança ocupacional com impacto direto nas discussões sobre a existência ou não de insalubridade, sendo que, do ponto de vista técnico, a IA permite não apenas automatizar processos de higienização, mas também gerar relatórios e registros auditáveis que podem subsidiar a defesa empresarial em perícias judiciais.

Ainda que a Súmula 448 do TST estabeleça critérios para a caracterização da insalubridade em sanitários de uso coletivo, a existência de tecnologias como sensores de presença, dispensadores automatizados e sistemas de desinfecção por ozônio ou luz UV-C pode ser elemento decisivo para a conclusão pericial pela ausência de risco. É fundamental, portanto, compreender que a IA, quando aplicada de forma planejada, pode ser aliada na neutralização de agentes insalubres, desde que seu funcionamento seja demonstrado por documentação técnica, rotinas de manutenção e validação da eficácia. Em síntese, os banheiros automatizados com uso de IA, mais do que representar uma solução tecnológica com potencial para salvaguardar a saúde dos trabalhadores, fortalecem a posição jurídica da empresa em ações trabalhistas, desde que a prova técnica comprove a efetiva mitigação dos riscos.

APLICAÇÃO DA IA NA REDUÇÃO DA INSALUBRIDADE

A substituição do trabalho humano por robôs em ambientes insalubres representa uma das frentes mais promissoras da aplicação da inteligência artificial (IA) no mundo do trabalho. A automatização de tarefas perigosas, repetitivas ou expostas a agentes nocivos tem o potencial de reduzir drasticamente os índices de adoecimento e acidentes ocupacionais, contribuindo para a promoção da saúde e segurança no trabalho. Harari (2018, p.157) destaca que "à medida que os robôs se tornam mais inteligentes e ágeis, será possível afastar os humanos de atividades arriscadas, como mineração, manipulação de produtos tóxicos e limpeza de resíduos industriais". Essa possibilidade, no entanto, exige investimentos estruturais e políticas públicas de incentivo à inovação, para que os ganhos não se limitem a grandes conglomerados empresariais, mas se estendam a setores críticos e vulneráveis da economia.

Dando continuidade à reflexão sobre a automação de ambientes insalubres, é necessário considerar que os robôs não apenas substituem a mão de obra em atividades de risco, mas também introduzem um novo paradigma de produtividade segura. A utilização de braços robóticos em linhas de produção química, por exemplo, evita o contato humano com substâncias corrosivas e voláteis. Schwab (2016, p.111) argumenta que "os sistemas ciberfísicos não apenas otimizam o desempenho industrial, como também redefinem o papel do trabalhador, que passa a operar como supervisor de processos automatizados". Isso indica uma transição do trabalho físico direto para funções de monitoramento, o que exige requalificação profissional e adaptações institucionais nos sistemas de formação técnica e nas normas regulamentadoras.

Nesse cenário, observa-se que a substituição do trabalho humano por máquinas em atividades de risco já é uma realidade em setores como a mineração, em que robôs são utilizados para mapear galerias, extrair minérios e operar em áreas com risco de desmoronamento. Ferreira (2022, p.68) destaca que "o uso de veículos autônomos em ambientes subterrâneos não só reduz acidentes como também melhora o rendimento operacional das empresas, com menos interrupções e menor custo com afastamentos por saúde".

No entanto, Souza (2022) alerta que a introdução de tecnologia não deve ser confundida com neutralidade: os sistemas automatizados podem reproduzir ou até agravar desigualdades se forem adotados sem critérios sociais e sem programas de transição justa para os trabalhadores substituídos.

Com o avanço das tecnologias baseadas em IA, a robótica colaborativa emerge como uma solução eficaz para tarefas insalubres que requerem precisão e segurança. Esses robôs, chamados cobots, são programados para trabalhar lado a lado com seres humanos, reduzindo o tempo de exposição a riscos sem necessariamente eliminar a intervenção humana.

Schwab (2016, p.119) ressalta que "a colaboração entre homem e máquina abre um novo horizonte para ambientes de trabalho mais ergonômicos e menos excludentes, onde o foco passa a ser a proteção física e mental do trabalhador". Entretanto, Harari (2018) adverte que essa integração deve ser acompanhada de um robusto aparato regulatório, a fim de garantir que os limites entre automação e precarização não se confundam. Isso reforça o papel do Estado na mediação desses processos tecnológicos.

Logo é fácil perceber que a inteligência artificial (IA) tem se consolidado como uma ferramenta estratégica na promoção de ambientes laborais mais seguros, especialmente por sua capacidade de identificar padrões de risco e viabilizar intervenções imediatas. Mais especificamente, no contexto da insalubridade, a IA pode atuar significativamente em relação à prevenção da exposição a agentes nocivos, inclusive em locais tradicionalmente considerados críticos, como instalações sanitárias coletivas.

No entanto, deve ser destacado que o simples uso de tecnologias inteligentes não implica, por si só, o reconhecimento ou o afastamento do adicional de insalubridade, sendo certo que a avaliação das condições de trabalho permanece vinculada à realização de perícia técnica judicial, que deverá verificar se, na prática, os sistemas implementados são eficazes na neutralização dos riscos. O laudo pericial, portanto, continua sendo o elemento central na formação do convencimento do juízo.

A experiência demonstra que, em diversos casos, a perícia conclui pela inexistência de insalubridade, especialmente quando a empresa apresenta documentação técnica, relatórios de manutenção, controle de limpeza e evidências da funcionalidade dos sistemas inteligentes. Em outros casos, mesmo com a presença de tecnologias, o perito pode atestar a existência de insalubridade, caso os procedimentos estejam inoperantes ou sejam insuficientes frente aos riscos identificados.

Portanto, o que se observa na prática é que a IA contribui para a construção de ambientes laborais mais seguros, mas seu impacto jurídico dependerá da prova concreta e da análise individualizada de cada situação. Nesse cenário, o papel do empregador é assegurar não apenas a adoção de soluções tecnológicas, mas também sua correta implementação, acompanhamento técnico e registro sistemático de sua eficácia.

Sensores e Algoritmos Preditivos

A utilização de sensores inteligentes e algoritmos preditivos representa uma das inovações mais significativas na interseção entre tecnologia e saúde ocupacional. Esses dispositivos, acoplados a máquinas, vestimentas ou ambientes, são capazes de coletar dados em tempo real sobre variáveis como temperatura, umidade, níveis de ruído, concentração de gases tóxicos e ritmo cardíaco do trabalhador. Schwab (2016, p.125) afirma que "os sensores digitais integrados à internet das coisas permitem uma vigilância contínua das condições de trabalho, antecipando riscos e possibilitando intervenções imediatas". Trata-se de uma virada paradigmática, pois desloca o foco da atuação institucional de uma lógica reativa – baseada na punição após o dano – para uma perspectiva preventiva, centrada na proteção contínua e na antecipação de cenários críticos.

Nesse sentido, a aplicação de algoritmos preditivos em conjunto com sensores amplia as possibilidades de gestão de riscos ocupacionais de forma estratégica e personalizada. Os dados coletados por esses dispositivos são processados por sistemas baseados em inteligência artificial, capazes de identificar padrões e antecipar eventos adversos, como colapsos térmicos, falhas mecânicas ou exposições prolongadas a agentes insalubres. Harari (2018, p.151) destaca que "os algoritmos, quando treinados com dados adequados, podem prever não apenas tendências econômicas, mas também condições fisiológicas críticas, intervindo antes que o dano se concretize". Tal abordagem, ao invés de substituir a supervisão humana, deve servir como aliada na tomada de decisões imediatas e na construção de ambientes de trabalho mais seguros, eficientes e humanizados.

A eficácia dos sensores e algoritmos na prevenção de acidentes depende, contudo, da qualidade e da integridade dos dados processados. A coleta massiva de informações deve ser acompanhada de mecanismos de validação, cruzamento e anonimização, a fim de evitar vieses interpretativos que comprometam a tomada de decisão. Souza (2022, p.91) adverte que "a inteligência preditiva somente é útil se for alimentada por dados confiáveis, calibrados e eticamente coletados; do contrário, pode induzir a erros graves na gestão de saúde e segurança ocupacional". Assim, a governança da informação torna-se uma dimensão estratégica da política tecnológica nas empresas, sendo necessário equilibrar inovação com privacidade, eficiência com responsabilidade institucional. Schwab (2016) corrobora essa ideia ao sustentar que a transparência algorítmica e a supervisão ética são condições indispensáveis para a confiança social nas tecnologias emergentes.

Ao ampliar a discussão, destaca-se que os sensores também podem atuar no monitoramento do desgaste físico do trabalhador, medindo níveis de fadiga, temperatura corporal e movimentos repetitivos que elevam o risco de lesões osteomusculares. Ferreira (2022, p.80) observa que "o uso de sensores de fadiga pode alertar o empregador sobre a necessidade de pausas, redistribuição de tarefas ou mesmo afastamento preventivo, reduzindo a incidência de doenças ocupacionais". Esses dados, quando interpretados por algoritmos treinados em bancos de dados históricos, fornecem indicadores relevantes para a gestão preventiva da saúde. Harari (2018) acrescenta que a capacidade de interpretar sinais biológicos em tempo real inaugura uma nova lógica de proteção centrada no indivíduo e não apenas no ambiente, o que representa uma evolução na engenharia de segurança do trabalho.

Logo, considera-se que, no âmbito do ambiente de trabalho, essa capacidade preditiva não apenas aprimora a segurança, mas também serve como instrumento de prova objetiva em eventuais ações judiciais e, desta forma, empresas que adotam tais tecnologias, quando demonstram sua aplicação contínua e eficaz, por meio de registros e relatórios auditáveis, fortalecem sua posição em processos trabalhistas. Nessas situações, os peritos judiciais, ao analisar os dados e verificar a operação eficaz dos sensores, muitas vezes concluem pela inexistência de insalubridade.

É importante ressaltar que a simples existência do equipamento não é suficiente: é necessária a comprovação de seu funcionamento adequado e da efetiva mitigação do risco e, sendo assim, a tecnologia precisa estar inserida em uma política estruturada de saúde e segurança no trabalho, com suporte documental e técnico que respalde a atuação preventiva da empresa. Do ponto de vista jurídico, a admissibilidade dos dados obtidos por meio de sensores e algoritmos dependerá da cadeia de custódia das informações e da sua consistência técnica. Quando respeitados os princípios da transparência, da rastreabilidade e da fidedignidade, esses recursos podem ser considerados meios legítimos de prova, auxiliando tanto na defesa empresarial quanto na tomada de decisão judicial.

Casos Práticos e Experiências Nacionais/Internacionais

A análise de casos práticos e experiências tanto nacionais quanto internacionais permite compreender como a aplicação da inteligência artificial (IA) em ambientes laborais tem sido efetiva na mitigação de riscos relacionados à insalubridade. Países como Japão e Alemanha vêm se destacando na adoção de sistemas automatizados em setores de alto risco, como mineração e indústria petroquímica. Schwab (2016, p.147) relata que: "na Alemanha, fábricas inteligentes utilizam sensores e algoritmos para adaptar automaticamente a produção ao risco detectado, preservando a integridade física dos trabalhadores". Esse modelo, baseado em redes ciberfísicas, proporciona ambientes de trabalho mais seguros, sem comprometer a produtividade. No Brasil, embora ainda em estágio inicial, iniciativas em setores como o agronegócio e a indústria química já demonstram avanços promissores, especialmente com o uso de drones e robôs terrestres para tarefas anteriormente realizadas por humanos em condições insalubres.

Para ampliar essa análise, é pertinente observar a experiência da Coreia do Sul, onde o uso de IA foi incorporado à gestão de riscos em ambientes hospitalares e industriais. Robôs autônomos equipados com sensores térmicos e de gás são utilizados para inspecionar locais de difícil acesso, prevenindo a exposição direta de trabalhadores a patógenos e substâncias químicas voláteis. Harari (2018, p.153) observa que "a combinação entre sensores e inteligência artificial viabiliza respostas imediatas a alterações ambientais, protegendo vidas e otimizando processos produtivos". Essa experiência reforça a importância da sinergia entre inovação tecnológica e políticas públicas de segurança do trabalho. No Brasil, iniciativas como as do Serviço Social da Indústria (SESI) têm buscado adaptar essas práticas ao contexto nacional, promovendo a instalação de sensores em plantas fabris para monitoramento em tempo real de calor, ruído e material particulado.

A consolidação de práticas automatizadas no setor logístico internacional também ilustra como a IA tem sido empregada para minimizar riscos ergonômicos e biomecânicos em tarefas repetitivas e fisicamente exigentes. No caso da Amazon, nos Estados Unidos, robôs são utilizados para transportar e separar mercadorias em grandes centros de distribuição, reduzindo o esforço humano e a exposição a acidentes com empilhadeiras e cargas pesadas. Souza (2022, p.97) aponta que "a automação logística não apenas eleva a eficiência operacional, como também diminui significativamente o número de afastamentos por lesões musculoesqueléticas entre os trabalhadores". No Brasil, empresas de médio e grande porte vêm investindo em tecnologias semelhantes, ainda que de forma incipiente, demonstrando que a aplicação prática da IA em prol da saúde do trabalhador requer incentivos fiscais, formação técnica e cultura organizacional voltada à prevenção.

É importante observar que, nesses contextos, o sucesso da defesa empresarial está diretamente relacionado à capacidade da empresa de documentar e demonstrar a eficácia das medidas adotadas, sendo certo que a ausência de registros confiáveis ou a manutenção inadequada dos sistemas pode comprometer a credibilidade da prova técnica, gerando risco de condenações mesmo diante do uso de tecnologia avançada.

A PROTEÇÃO À SAÚDE DO TRABALHADOR NA FLÓRIDA (EUA) E A AUSÊNCIA DO CONCEITO DE "INSALUBRIDADE" EM SENTIDO BRASILEIRO

PANORAMA GERAL DA SAÚDE E SEGURANÇA DO TRABALHO NOS ESTADOS UNIDOS

O sistema norte-americano de proteção à saúde do trabalhador tem como marco central a edição do Occupational Safety and Health Act of 1970, que rompeu com a lógica fragmentada de proteção existente até então e estabeleceu uma política nacional orientada a garantir condições de trabalho seguras e saudáveis por meio da combinação de normas obrigatórias, fiscalização, incentivo à cooperação federativa e promoção de pesquisa, educação e informação em segurança e saúde ocupacional. Ele estruturou de forma abrangente os deveres dos empregadores e a própria arquitetura institucional da política pública de prevenção de acidentes e doenças do trabalho nos Estados Unidos (United States, 1970).

Ao sintetizar o conteúdo do OSH Act, a síntese institucional elaborada pela agência ambiental federal destaca que a lei passou a exigir dos empregadores a oferta de um ambiente livre de perigos reconhecidos, como substâncias tóxicas, agentes infecciosos, ruído excessivo, riscos mecânicos, estresse térmico e outras condições capazes de causar morte ou dano grave, ao mesmo tempo em que atribui ao governo federal competências para expedir normas técnicas, realizar inspeções, impor penalidades e apoiar os estados na construção de seus próprios sistemas de segurança e saúde, evidenciando a opção norte-americana por um modelo centrado na gestão de riscos e não na concessão de adicionais remuneratórios em razão da exposição a agentes nocivos, como ocorre no modelo brasileiro de insalubridade (United States Environmental Protection Agency, 2025).

Ainda segundo essa síntese, o OSH Act instituiu um conjunto de direitos substantivos para os trabalhadores, incluindo o direito a um local de trabalho seguro, à informação sobre perigos químicos e físicos, ao recebimento de treinamento em linguagem e forma compreensíveis, bem como o direito de apresentar queixas à autoridade competente e de participar de inspeções, ao mesmo tempo em que reforçou o dever correlato dos empregados de observar as normas de segurança aplicáveis, criando um sistema em que a responsabilidade pela proteção à saúde é compartilhada, mas juridicamente ancorada no dever principal do empregador de eliminar ou controlar riscos ocupacionais (United States Environmental Protection Agency, 2025).

A partir dessa base legal, o folheto "OSHA: All About OSHA" descreve a criação e o papel específico da Occupational Safety and Health Administration como agência responsável pela elaboração e aplicação de normas federais de segurança e saúde do trabalho. O material explica que a OSHA é organizada em sede nacional, regionais e escritórios locais, com quadro de inspetores e especialistas técnicos encarregados de desenvolver padrões, conduzir inspeções, responder a denúncias, promover programas de educação e estimular a adoção de sistemas de gestão de segurança, tudo sob a lógica de que a prevenção de acidentes constitui um dever jurídico e também um elemento de eficiência econômica para as empresas (Occupational Safety and Health Administration, 2024a).

O mesmo manual enfatiza que a atuação da OSHA combina instrumentos coercitivos e cooperativos, pois, além de poder aplicar citações e multas em caso de descumprimento das normas, a agência opera programas de cumprimento voluntário, oferece materiais educativos, mantém linhas de atendimento para esclarecimento de dúvidas e ainda reconhece empresas com programas exemplares. Desse modo, o panorama norte-americano passa a ser caracterizado por um aparato regulatório robusto voltado à redução de riscos na fonte e não à mera compensação financeira do trabalhador por exposição a ambientes insalubres. Isso evidencia um afastamento conceitual significativo em relação ao adicional de insalubridade previsto na legislação brasileira (Occupational Safety and Health Administration, 2024a).

Na perspectiva do Departamento do Trabalho, o campo da segurança e da saúde no trabalho é apresentado como parte de uma agenda mais ampla de proteção ao trabalhador, em que a aplicação do OSH Act se articula com outros programas de fiscalização, assistência técnica e promoção de boas práticas, ressaltando que a proteção eficaz da integridade física e mental dos trabalhadores está diretamente associada à produtividade, à competitividade e à redução dos custos globais do sistema, pois acidentes e doenças ocupacionais geram perda de produção, despesas médicas e impactos econômicos relevantes para empregadores e para a sociedade (United States Department of Labor, 2024b).

O panorama geral descrito pelo próprio Departamento do Trabalho mostra que, passados mais de cinquenta anos da promulgação do OSH Act, a política de segurança e saúde no trabalho nos Estados Unidos permanece em constante evolução, com atualização contínua de normas, desenvolvimento de campanhas setoriais, centralização de dados estatísticos e difusão de guias práticos para empresas de diferentes portes. A política americana para a área traduz uma visão em que a redução de riscos é tratada como investimento estratégico e em que o cumprimento normativo não se limita a evitar sanções, mas se vincula à construção de ambientes de trabalho mais estáveis, inclusivos e sustentáveis (United States Department of Labor, 2024b).

Nesse arranjo institucional, o National Institute for Occupational Safety and Health assume papel complementar ao da OSHA, já que, segundo sua própria apresentação institucional, foi criado como órgão de pesquisa e recomendações técnicas, responsável por produzir conhecimento científico, desenvolver métodos de avaliação de riscos, propor limites de exposição ocupacional e apoiar, com base em evidências, a elaboração de normas e políticas públicas. Ele funciona como pilar científico de um sistema regulatório que busca fundamentar suas decisões em dados empíricos sobre doenças e acidentes de trabalho (National Institute for Occupational Safety and Health, 2024a).

O documento "About NIOSH" esclarece também que o instituto atua por meio de centros especializados, colaborações com universidades e parcerias com estados e outros países, além de desenvolver programas de formação de profissionais e de disseminação de informações, o que reforça a ideia de que o panorama norte-americano de saúde ocupacional vai além da mera fiscalização. Ele incorpora uma dimensão de pesquisa aplicada e de difusão de conhecimento que alimenta continuamente a atualização das práticas de prevenção nos diversos setores econômicos (National Institute for Occupational Safety and Health, 2024a).

Assim, quando se observa em conjunto o OSH Act, a atuação normativa e fiscalizatória da OSHA, a visão integrada do Departamento do Trabalho e o suporte científico fornecido pelo NIOSH, percebe-se que o panorama geral da saúde e da segurança do trabalho nos Estados Unidos se estrutura como um sistema de gestão de riscos cujo foco principal está em eliminar ou controlar perigos no ambiente laboral, de forma a assegurar um "local de trabalho seguro e saudável" como direito básico, o que deixa claro que o eixo do modelo não é a atribuição de um adicional salarial pela insalubridade, mas a obrigação jurídica de prevenir o risco, tal como delineado no texto originário da lei de 1970 (United States, 1970).

APLICAÇÃO DO OSH ACT E DAS NORMAS DA OSHA NA FLÓRIDA

O guia elaborado pelo Departamento do Trabalho sobre o Occupational Safety and Health Act e as normas da OSHA explica que a cobertura da lei federal se estende aos empregadores privados em todos os estados e territórios, incluindo a Flórida, de modo que, na ausência de um plano estadual próprio aprovado, os empregadores floridianos permanecem sujeitos diretamente à jurisdição da OSHA federal, devendo cumprir os padrões de segurança e saúde aplicáveis a seus setores e observar a cláusula geral de dever que exige a manutenção de um local de trabalho livre de riscos reconhecidos que possam causar morte ou dano físico grave aos empregados (United States Department of Labor, 2024a).

Esse mesmo guia detalha que, no contexto floridiano, a aplicação do OSH Act implica a observância de um conjunto de normas codificadas no Código de Regulamentações Federais, abrangendo requisitos de proteção de máquinas, prevenção de quedas, controle de agentes químicos, ordem e limpeza, equipamentos de proteção individual, ergonomia e outras exigências específicas, e que a fiscalização é conduzida por inspetores federais que podem iniciar uma inspeção por programação setorial, por denúncias de trabalhadores ou por ocorrência de acidentes graves, sendo que o descumprimento resulta em citações e penalidades que podem ser significativas, o que vincula diretamente a gestão de riscos adotada pelas empresas da Flórida às exigências federais da OSHA (United States Department of Labor, 2024a).

O documento da OSHA sobre planos estaduais explica que o OSH Act foi desenhado para incentivar os estados a desenvolverem seus próprios sistemas de segurança e saúde do trabalho, desde que ofereçam proteção “pelo menos tão eficaz” quanto a federal, descrevendo que existem atualmente dezenas de planos aprovados que cobrem integralmente trabalhadores do setor privado e público ou se concentram apenas em empregados estaduais e locais. Também esclarece que esses planos são financiados conjuntamente por recursos federais e estaduais, sendo supervisionados pela própria OSHA para garantir a equivalência de proteção, o que constitui o marco de referência para qualquer iniciativa da Flórida no sentido de implantar um plano próprio (Occupational Safety and Health Administration, 2024b).

Ainda segundo o texto sobre State Plans, a aprovação de um plano estadual demanda a apresentação de uma proposta detalhada com cronograma de implantação, normas que replicam ou superam os padrões federais, estrutura de fiscalização, sistema de registro e relatório de acidentes e compromissos de financiamento estável, bem como um período de transição em que a OSHA continua atuando em paralelo até que o programa estadual demonstre capacidade de garantir proteção adequada. Isso indica que a discussão política na Flórida sobre assumir a própria jurisdição em matéria de segurança e saúde do trabalho envolve não apenas opções ideológicas, mas também a capacidade administrativa e financeira do estado em montar uma estrutura equivalente à federal (Occupational Safety and Health Administration, 2024b).

No contexto dessa discussão, a análise final do projeto de lei HB 5B pela Câmara dos Representantes da Flórida relata que a proposta aprovada em sessão especial determinou que o Escritório Executivo do Governador elaborasse uma proposta de plano estadual de segurança e saúde no trabalho com o objetivo de reivindicar jurisdição estadual sobre questões de segurança ocupacional para empregados públicos e privados. Descreve, ainda, a obrigação de envolver diversas agências estaduais na elaboração do plano e de apresentar, em prazo definido, relatório ao Legislativo contendo diagnóstico, alternativas e recomendações, o que explicitou o interesse político de reavaliar a dependência exclusiva da OSHA federal (Florida House of Representatives, 2021).

A mesma análise de HB 5B destaca que o projeto previu recursos específicos para o desenvolvimento do plano, indicou que a proposta deveria detalhar a forma de financiamento do programa, a estrutura de fiscalização, as prioridades iniciais de atuação e a relação com os padrões federais, além de mencionar que a criação de um plano estadual aprovado pela OSHA colocaria a Flórida em posição semelhante à de outros estados que já exercem autoridade própria sobre segurança do trabalho. Deixou-se subentendido que esse movimento poderia ser utilizado politicamente para reforçar a autonomia estadual, ainda que a exigência de equivalência de proteção limite eventuais tentativas de flexibilização de padrões em relação ao patamar federal (Florida House of Representatives, 2021).

Paralelamente à discussão sobre um plano estadual, o Capítulo 442 dos Estatutos da Flórida estabelece a moldura legal própria do estado em matéria de segurança e saúde ocupacional, indicando a intenção legislativa de promover a prevenção de acidentes e de doenças relacionadas ao trabalho. Além disso, define competências para inspeções, consultas e estudos sobre riscos ocupacionais e prevê a possibilidade de adoção de regras e de mecanismos de cooperação com seguradoras e autosegurados, de modo que, ainda sob a égide da OSHA federal, o estado disponha de instrumentos jurídicos próprios para fomentar programas de segurança e para estudar agravos à saúde do trabalhador em seu território (Florida, 2000).

O mesmo capítulo 442 disciplina, também, a formação de comitês de segurança, o papel da divisão competente na realização de investigações sobre acidentes e doenças ocupacionais, a responsabilidade dos empregadores em adotar medidas de proteção e a possibilidade de estabelecer regras sobre inspeções e consultas. Isso demonstra que a Flórida construiu um arcabouço normativo que, embora não substitua a jurisdição da OSHA sobre o setor privado, funciona como complemento voltado, sobretudo, à organização da prevenção no âmbito estadual, com ênfase especial sobre ambientes de trabalho públicos e sobre a coordenação de esforços de inspeção e educação (Florida, 2000).

A aplicação prática desse arranjo na Flórida se materializa, também, por meio da presença física da OSHA no estado, pois o elenco de Florida OSHA Area Offices indica a existência de escritórios regionais que atendem empregadores e trabalhadores em cidades estratégicas, responsáveis por conduzir inspeções, responder a denúncias, oferecer palestras e atuar como pontos de contato para o esclarecimento de dúvidas regulatórias, o que aproxima a estrutura federal do cotidiano das empresas floridianas. Além disso, contribui para que a implementação das normas federais seja sensível às particularidades setoriais e geográficas do estado (Occupational Safety and Health Administration, 2024c).

Nesse contexto, a própria descrição dos escritórios de área da OSHA na Flórida reforça que esses órgãos funcionam como porta de entrada tanto para a atuação fiscalizatória quanto para a oferta de recursos educativos e programas de cooperação, indicando números de contato, endereços e canais para agendamento de ações, de modo que a aplicação do OSH Act e das normas da OSHA no estado se concretiza pela combinação de um aparato jurídico federal, de uma legislação estadual complementar e de estruturas administrativas locais. Estas conectam a autoridade reguladora à realidade dos locais de trabalho floridianos em um modelo em que a proteção não se expressa por adicionais remuneratórios, mas pela exigência de conformidade técnica com padrões detalhados de segurança e saúde (Occupational Safety and Health Administration, 2024c).

Por fim, o quadro descrito pela OSHA sobre os planos estaduais mostra que, enquanto não houver aprovação de um plano próprio que atenda ao critério de eficácia equivalente, a Flórida permanece como estado sob jurisdição federal plena, ainda que com estatutos próprios que tratam de segurança no trabalho e iniciativas legislativas como a HB 5B buscando redesenhar esse relacionamento. Desse modo, a proteção à saúde do trabalhador no estado resulta da interação entre normas federais obrigatórias, estruturas de fiscalização da OSHA instaladas em território floridiano e regras estaduais complementares, sem que se institua um adicional de insalubridade nos moldes do direito brasileiro como mecanismo central de proteção (Occupational Safety and Health Administration, 2024b).

LEGISLAÇÃO E POLÍTICAS PRÓPRIAS DA FLÓRIDA RELACIONADAS À SAÚDE OCUPACIONAL

No campo da reparação de danos decorrentes de acidentes e doenças do trabalho, o Capítulo 440 dos Estatutos da Flórida constitui a principal base normativa. Ele disciplina o sistema de workers' compensation e estabelece que os empregadores cobertos devem assegurar benefícios aos empregados que sofram lesões ou enfermidades relacionadas ao trabalho. Isso revela que a proteção jurídica estadual se organiza a partir de um regime securitário de caráter obrigatório, voltado a garantir atenção médica e substituição de renda, em vez de estruturar um adicional geral de insalubridade vinculado à mera exposição a agentes nocivos, como ocorre no modelo brasileiro (Florida, 2024).

Esse capítulo detalha, entre outros aspectos, os requisitos para a cobertura, as obrigações de contratação de seguro ou de manutenção de programas de autoseguro, as definições de acidente e de doença ocupacional, bem como as regras sobre comunicação de eventos, prazos e procedimentos para a reivindicação de benefícios, de forma que o sistema floridiano de compensação concentra o seu foco na reparação e no gerenciamento de custos das lesões relacionadas ao trabalho, integrando a política de saúde ocupacional por meio de incentivos econômicos à prevenção, na medida em que acidentes e agravos impactam diretamente o custo do seguro e a responsabilidade financeira do empregador (Florida, 2024).

O compêndio "Workers' Compensation Laws and Rules", elaborado pela Divisão de Compensação dos Trabalhadores do Departamento de Serviços Financeiros, organiza e atualiza as leis e regulamentos relacionados à compensação de trabalhadores. Ele também fornece uma visão sistematizada das disposições do Capítulo 440, das regras administrativas complementares e de orientações práticas para empregadores, seguradoras e profissionais do direito, o que facilita a compreensão das obrigações legais e reforça a função desse sistema como instrumento central de gestão dos riscos econômicos associados à saúde ocupacional na Flórida (Florida Department of Financial Services, 2024).

Esse material destaca que o sistema de workers' compensation estabelece benefícios médicos, de reabilitação e de substituição de renda, bem como mecanismos para a resolução de conflitos e penalidades para o descumprimento das obrigações de cobertura. Além disso, prevê programas que podem reduzir prêmios para empregadores que adotam práticas efetivas de prevenção, o que evidencia a lógica de que políticas de segurança mais robustas repercutem diretamente na redução de custos do seguro, reforçando um modelo em que a prevenção se relaciona com incentivos econômicos e em que não se utiliza o adicional de insalubridade como instrumento principal de proteção (Florida Department of Financial Services, 2024).

No âmbito da vigilância em saúde, a seção de Occupational Health Surveillance do Occupational Health and Safety Program, coordenado pelo Departamento de Saúde da Flórida, descreve que o programa é responsável por monitorar condições de saúde relacionadas ao trabalho, identificar tendências de doenças e lesões ocupacionais e produzir informações capazes de orientar políticas públicas, com o objetivo de reduzir a incidência de agravos associados ao trabalho por meio de ações baseadas em evidências e direcionadas a setores e grupos de maior risco (Florida Department of Health, 2023).

Segundo essa apresentação, a vigilância em saúde ocupacional utiliza fontes de dados variadas, como registros de internações hospitalares, notificações de doenças profissionais, informações do sistema de compensação de trabalhadores e relatórios de mortalidade, integrando esses bancos de dados para identificar padrões de risco, mapear setores econômicos mais afetados e subsidiar programas de prevenção. Isso demonstra que a Flórida utiliza a vigilância epidemiológica como componente estruturante de sua política de saúde ocupacional (Florida Department of Health, 2023).

O folheto do Florida Occupational Health and Safety Program, elaborado em formato de fact sheet, destaca que o programa é financiado, em parte, por recursos federais e integra uma rede mais ampla de programas de saúde ocupacional apoiados pelo NIOSH, descrevendo metas como a redução de mortes e lesões ocupacionais, a prevenção de doenças relacionadas a exposições específicas e o fortalecimento de parcerias com agências reguladoras, empregadores e trabalhadores. Desse modo, o estado busca transformar dados de vigilância em ações concretas de prevenção, educação e mudança de práticas em ambientes de trabalho (Florida Department of Health, 2020).

Esse material sintetiza, ainda, prioridades estratégicas como o monitoramento de setores de alto risco, a investigação de surtos ou eventos sentinela, o desenvolvimento de materiais educativos e a orientação técnica para a adoção de medidas preventivas, o que reforça que, do ponto de vista da saúde pública, a política estadual de saúde ocupacional está orientada à identificação precoce de problemas e à intervenção sobre suas causas, em complementaridade ao sistema jurídico de compensação previsto no Capítulo 440 (Florida Department of Health, 2020).

Os comunicados do programa que divulgam relatórios sobre mortes relacionadas ao trabalho e custos econômicos dessas ocorrências mostram que a Flórida acompanha indicadores de mortalidade ocupacional e estima o impacto financeiro de acidentes e doenças, destacando que os eventos de trabalho fatal representam não apenas tragédias humanas, mas também perdas econômicas significativas para famílias, empregadores e para o próprio estado, o que reforça a necessidade de políticas preventivas robustas e de estratégias focalizadas nos setores de maior risco (Florida Department of Health, 2022).

Ao divulgar esses relatórios, o programa de saúde ocupacional também chama atenção para a concentração de determinados tipos de eventos em setores como construção, transporte e agricultura. Também chama atenção para a importância de considerar fatores demográficos e sociais na compreensão das desigualdades em saúde ocupacional, de maneira a orientar intervenções direcionadas, o que demonstra uma abordagem de política pública baseada em evidências e voltada à redução de riscos nos ambientes de trabalho floridianos (Florida Department of Health, 2022).

Tomados em conjunto, o regime de compensação previsto no Capítulo 440 e as estratégias de vigilância e intervenção do programa de saúde ocupacional compõem um quadro em que a Flórida protege a saúde dos trabalhadores com base em mecanismos de reparação securitária e de monitoramento epidemiológico, articulados com normas técnicas de segurança, sem recorrer a um adicional remuneratório geral de insalubridade, privilegiando antes a gestão de riscos, a responsabilização econômica pelos danos e a utilização de dados para orientar políticas de prevenção e fiscalização (Florida, 2024).

LEGISLAÇÃO E POLÍTICAS PRÓPRIAS DA FLÓRIDA RELACIONADAS À SAÚDE OCUPACIONAL

No campo da reparação de danos decorrentes de acidentes e doenças do trabalho, o Capítulo 440 dos Estatutos da Flórida constitui a principal base normativa. Ele disciplina o sistema de workers' compensation e estabelece que os empregadores cobertos devem assegurar benefícios aos empregados que sofram lesões ou enfermidades relacionadas ao trabalho. Isso revela que a proteção jurídica estadual se organiza a partir de um regime securitário de caráter obrigatório, voltado a garantir atenção médica e substituição de renda, em vez de estruturar um adicional geral de insalubridade vinculado à mera exposição a agentes nocivos, como ocorre no modelo brasileiro (Florida, 2024).

Esse capítulo detalha, entre outros aspectos, os requisitos para a cobertura, as obrigações de contratação de seguro ou de manutenção de programas de autoseguro, as definições de acidente e de doença ocupacional, bem como as regras sobre comunicação de eventos, prazos e procedimentos para a reivindicação de benefícios, de forma que o sistema floridiano de compensação concentra o seu foco na reparação e no gerenciamento de custos das lesões relacionadas ao trabalho, integrando a política de saúde ocupacional por meio de incentivos econômicos à prevenção, na medida em que acidentes e agravos impactam diretamente o custo do seguro e a responsabilidade financeira do empregador (Florida, 2024).

O compêndio "Workers' Compensation Laws and Rules", elaborado pela Divisão de Compensação dos Trabalhadores do Departamento de Serviços Financeiros, organiza e atualiza as leis e regulamentos relacionados à compensação de trabalhadores. Ele também fornece uma visão sistematizada das disposições do Capítulo 440, das regras administrativas complementares e de orientações práticas para empregadores, seguradoras e profissionais do direito, o que facilita a compreensão das obrigações legais e reforça a função desse sistema como instrumento central de gestão dos riscos econômicos associados à saúde ocupacional na Flórida (Florida Department of Financial Services, 2024).

Esse material destaca que o sistema de workers' compensation estabelece benefícios médicos, de reabilitação e de substituição de renda, bem como mecanismos para a resolução de conflitos e penalidades para o descumprimento das obrigações de cobertura. Além disso, prevê programas que podem reduzir prêmios para empregadores que adotam práticas efetivas de prevenção, o que evidencia a lógica de que políticas de segurança mais robustas repercutem diretamente na redução de custos do seguro, reforçando um modelo em que a prevenção se relaciona com incentivos econômicos e em que não se utiliza o adicional de insalubridade como instrumento principal de proteção (Florida Department of Financial Services, 2024).

No âmbito da vigilância em saúde, a seção de Occupational Health Surveillance do Occupational Health and Safety Program, coordenado pelo Departamento de Saúde da Flórida, descreve que o programa é responsável por monitorar condições de saúde relacionadas ao trabalho, identificar tendências de doenças e lesões ocupacionais e produzir informações capazes de orientar políticas públicas, com o objetivo de reduzir a incidência de agravos associados ao trabalho por meio de ações baseadas em evidências e direcionadas a setores e grupos de maior risco (Florida Department of Health, 2023).

Segundo essa apresentação, a vigilância em saúde ocupacional utiliza fontes de dados variadas, como registros de internações hospitalares, notificações de doenças profissionais, informações do sistema de compensação de trabalhadores e relatórios de mortalidade, integrando esses bancos de dados para identificar padrões de risco, mapear setores econômicos mais afetados e subsidiar programas de prevenção. Isso demonstra que a Flórida utiliza a vigilância epidemiológica como componente estruturante de sua política de saúde ocupacional (Florida Department of Health, 2023).

O folheto do Florida Occupational Health and Safety Program, elaborado em formato de fact sheet, destaca que o programa é financiado, em parte, por recursos federais e integra uma rede mais ampla de programas de saúde ocupacional apoiados pelo NIOSH, descrevendo metas como a redução de mortes e lesões ocupacionais, a prevenção de doenças relacionadas a exposições específicas e o fortalecimento de parcerias com agências reguladoras, empregadores e trabalhadores. Desse modo, o estado busca transformar dados de vigilância em ações concretas de prevenção, educação e mudança de práticas em ambientes de trabalho (Florida Department of Health, 2020).

Esse material sintetiza, ainda, prioridades estratégicas como o monitoramento de setores de alto risco, a investigação de surtos ou eventos sentinela, o desenvolvimento de materiais educativos e a orientação técnica para a adoção de medidas preventivas, o que reforça que, do ponto de vista da saúde pública, a política estadual de saúde ocupacional está orientada à identificação precoce de problemas e à intervenção sobre suas causas, em complementaridade ao sistema jurídico de compensação previsto no Capítulo 440 (Florida Department of Health, 2020).

Os comunicados do programa que divulgam relatórios sobre mortes relacionadas ao trabalho e custos econômicos dessas ocorrências mostram que a Flórida acompanha indicadores de mortalidade ocupacional e estima o impacto financeiro de acidentes e doenças, destacando que os eventos de trabalho fatal representam não apenas tragédias humanas, mas também perdas econômicas significativas para famílias, empregadores e para o próprio estado, o que reforça a necessidade de políticas preventivas robustas e de estratégias focalizadas nos setores de maior risco (Florida Department of Health, 2022).

Ao divulgar esses relatórios, o programa de saúde ocupacional também chama atenção para a concentração de determinados tipos de eventos em setores como construção, transporte e agricultura. Também chama atenção para a importância de considerar fatores demográficos e sociais na compreensão das desigualdades em saúde ocupacional, de maneira a orientar intervenções direcionadas, o que demonstra uma abordagem de política pública baseada em evidências e voltada à redução de riscos nos ambientes de trabalho floridianos (Florida Department of Health, 2022).

Tomados em conjunto, o regime de compensação previsto no Capítulo 440 e as estratégias de vigilância e intervenção do programa de saúde ocupacional compõem um quadro em que a Flórida protege a saúde dos trabalhadores com base em mecanismos de reparação securitária e de monitoramento epidemiológico, articulados com normas técnicas de segurança, sem recorrer a um adicional remuneratório geral de insalubridade, privilegiando antes a gestão de riscos, a responsabilização econômica pelos danos e a utilização de dados para orientar políticas de prevenção e fiscalização (Florida, 2024).

ORIENTAÇÕES E PROGRAMAS DIRIGIDOS ÀS EMPRESAS NA FLÓRIDA

O folheto da OSHA sobre o On-Site Consultation Program explica que esse programa oferece serviços gratuitos e confidenciais de consultoria em segurança e saúde do trabalho para pequenas e médias empresas, com prioridade para aquelas que atuam em setores de maior risco, ressaltando que a iniciativa é financiada por recursos federais em cooperação com os estados e que tem como objetivo auxiliar os empregadores a identificar perigos, aprimorar seus programas de prevenção e alcançar conformidade com as normas aplicáveis, sem estar vinculado diretamente à aplicação de multas ou citações (Occupational Safety and Health Administration, 2024d).

O mesmo documento esclarece que, ao solicitar a consultoria, o empregador assume o compromisso de corrigir os riscos graves identificados dentro de prazos acordados, mas se beneficia de uma abordagem colaborativa em que especialistas visitam o local de trabalho, analisam processos, revisam programas escritos e oferecem recomendações práticas de melhorias, o que contribui para que empresas floridianas de menor porte possam implementar padrões de segurança e saúde mais elevados mesmo sem disporem de grande estrutura interna de gestão de riscos (Occupational Safety and Health Administration, 2024d).

Outro material da OSHA, apresentado com o lema "Safety and Health Advice You Can Trust for Your Small Business", enfatiza que as pequenas empresas costumam enfrentar barreiras específicas na implementação de programas de segurança, como limitações de recursos financeiros e técnicos, e que o programa de consultoria oferece orientações confiáveis sobre identificação de perigos, seleção de medidas de controle e cumprimento de requisitos regulatórios, reforçando que a prevenção de acidentes e doenças não é apenas uma obrigação legal, mas também uma estratégia de redução de custos, proteção da força de trabalho e fortalecimento da reputação empresarial (Occupational Safety and Health Administration, 2024e).

Esse material destaca ainda que a consultoria pode auxiliar na elaboração ou revisão de programas escritos exigidos pelas normas da OSHA, na realização de medições ambientais, na avaliação do uso de equipamentos de proteção individual e na construção de uma cultura de segurança participativa, estimulando a formação de comitês internos, a comunicação sobre riscos e a integração da segurança aos processos de gestão cotidiana, o que revela que a política norte-americana combina a imposição de padrões mínimos obrigatórios com mecanismos de apoio técnico que buscam elevar o nível médio de proteção nas empresas, inclusive naquelas sediadas na Flórida (Occupational Safety and Health Administration, 2024e).

No âmbito estadual, a visão geral de SafetyFlorida apresenta o programa como o braço de consultoria de segurança e saúde ocupacional administrado pela University of South Florida por meio de um acordo cooperativo com a

OSHA, explicando que a iniciativa oferece serviços de avaliação de riscos, ajuda na implantação de programas de prevenção e apoio ao cumprimento das normas federais, com foco especial em pequenas e médias empresas que desejam melhorar seu desempenho em segurança sem aguardar a chegada de uma inspeção de fiscalização (University of South Florida, 2023a).

De acordo com a descrição do SafetyFlorida Consultation Program, as equipes do programa realizam visitas in loco em empresas de todo o estado, identificam perigos em máquinas, instalações elétricas, espaços confinados, ergonomia e exposição a agentes químicos, discutem soluções de controle na fonte, administrativas e de proteção individual, e elaboram relatórios com recomendações e prazos de implementação, mantendo a confidencialidade das informações e comunicando à OSHA apenas situações em que o empregador não cumpra os compromissos assumidos, o que reforça o caráter cooperativo e educativo da iniciativa (University of South Florida, 2023b).

A seção "About Us" do SafetyFlorida informa que o programa atua há décadas na Flórida e que seus consultores possuem formação em diversas áreas técnicas, como higiene ocupacional, segurança em construção, ergonomia e segurança elétrica, enfatizando que a missão institucional é reduzir lesões, doenças e fatalidades no trabalho por meio de parcerias com empregadores, sindicatos, associações setoriais e entidades educacionais, de forma a disseminar uma cultura de prevenção que vá além do mero cumprimento formal das normas da OSHA (University of South Florida, 2023c).

Um dos estudos de caso apresentados pelo programa relata a experiência da empresa Portside Maintenance and Repair, mostrando que, com o apoio dos consultores do SafetyFlorida, a organização identificou riscos significativos em operações de manutenção portuária, relacionados a quedas, movimentação de cargas, exposição a ruído e uso inadequado de equipamentos de proteção. Também implementou melhorias como instalação de barreiras físicas, revisão de procedimentos de trabalho, intensificação de treinamentos e adoção de controles de engenharia, resultando em redução de incidentes e fortalecimento da cultura de segurança (University of South Florida, 2021).

O relato destaca que, além das mudanças técnicas, a empresa passou a documentar de forma mais sistemática suas ações de segurança, estabelecer indicadores de desempenho e envolver os trabalhadores na identificação de perigos e na proposição de soluções. Isso demonstra como programas de consultoria podem transformar o modo como a gestão de riscos é percebida internamente, deixando de ser mera exigência externa para ser elemento constitutivo da gestão empresarial, alinhado com as expectativas regulatórias federais e estaduais na Flórida (University of South Florida, 2021).

Desse modo, a combinação entre o On-Site Consultation Program da OSHA e a atuação local do SafetyFlorida cria um ambiente em que empresas floridianas dispõem de suporte técnico consistente para implementar padrões de segurança e saúde ocupacional, reforçando a compreensão de que a proteção à saúde do trabalhador se dá pela antecipação e o controle de riscos, pela construção de programas de gestão e pela melhoria contínua do desempenho em segurança, e não pela simples concessão de um adicional de insalubridade como compensação financeira por ambientes perigosos (University of South Florida, 2023a).

INTELIGÊNCIA ARTIFICIAL, MONITORAMENTO DE RISCOS E CONFORMIDADE REGULATÓRIA NA FLÓRIDA

O artigo de John Howard sobre as implicações da inteligência artificial para o futuro do trabalho apresenta a IA como uma tecnologia de uso geral que, assim como o motor a vapor ou a eletricidade em outros períodos históricos, tem potencial para transformar profundamente a organização da produção, as tarefas laborais e os padrões de risco. O artigo também destaca que aplicações baseadas em aprendizado de máquina, sensores inteligentes, robótica e sistemas de apoio à decisão já permeiam inúmeros ambientes de trabalho e que essas mudanças podem tanto reduzir certos perigos quanto criar novos tipos de riscos. Isso exige que a área de segurança e saúde do trabalho desenvolva capacidades de antecipar cenários, em vez de apenas reagir a acidentes consumados (Howard, 2019).

No mesmo texto, Howard argumenta que a difusão da IA nos locais de trabalho pode impactar a carga de trabalho mental, a autonomia dos trabalhadores, a vigilância digital e a distribuição de tarefas entre humanos e máquinas, levantando questões sobre deslocamento de empregos, intensificação do ritmo de trabalho e possíveis falhas de sistemas automatizados, e sustenta que uma abordagem responsável de segurança e saúde deve incorporar análises prospectivas sobre esses impactos, de modo que empregadores e reguladores possam moldar a adoção de tecnologias inteligentes de forma a maximizar benefícios e minimizar danos à saúde física e mental dos trabalhadores, inclusive em estados como a Flórida em que a conformidade com normas da OSHA continua sendo o eixo central da proteção (Howard, 2019).

A revisão de Shah sobre inteligência artificial em segurança e saúde ocupacional destaca que tecnologias baseadas em IA estão revolucionando a forma como as organizações abordam a prevenção, ao permitir o monitoramento em tempo real, a identificação precoce de padrões de risco e o desenvolvimento de modelos preditivos capazes de antecipar eventos de acidentes e doenças, mostrando que algoritmos aplicados a grandes volumes de dados de sensores ambientais, dispositivos vestíveis e registros administrativos podem auxiliar na priorização de intervenções e na alocação mais eficiente de recursos de prevenção (Shah, 2024).

Esse trabalho enfatiza que a IA pode ser usada para analisar séries históricas de ocorrências, identificar combinações de fatores de risco frequentemente presentes antes de acidentes graves e sugerir modificações em processos de trabalho ou no desenho de equipamentos. Além disso, pode apoiar o diagnóstico precoce de doenças ocupacionais por meio da análise de exames de imagem e outros dados clínicos, o que abre espaço para que empresas sujeitas à legislação da Flórida incorporem ferramentas de monitoramento inteligente como parte de seus programas de conformidade com normas da OSHA e de redução de custos associados a acidentes e adoecimentos (Shah, 2024).

A proposta do marco REDECA, apresentada por Pishgar e colaboradores, oferece um arcabouço conceitual específico para relacionar inteligência artificial e segurança e saúde do trabalho, ao organizar o ciclo de gestão de riscos em etapas de evolução, detecção, avaliação e controle de acidentes, e mostrar como diferentes técnicas de IA podem apoiar cada uma dessas fases, desde a identificação de mudanças em padrões de operação que indiquem aumento de risco até a seleção de estratégias de controle mais adequadas para eliminar perigos ou reduzir exposições a níveis aceitáveis (Pishgar, 2021). No estudo em que o REDECA é apresentado, os autores analisam centenas de aplicações de IA em setores como petróleo e gás, mineração, transporte, construção e agricultura, mostrando que a maioria das experiências se concentra no uso de sensores para detectar situações perigosas, no monitoramento de comportamentos e na automatização de tarefas em ambientes hostis. Os autores argumentam que esse tipo de abordagem estruturada ajuda a identificar lacunas de pesquisa e oportunidades para o desenvolvimento de soluções mais abrangentes, o que é relevante para estados como a Flórida, que possuem forte presença de setores de alto risco e podem se beneficiar da incorporação ordenada de tecnologias de IA aos programas de prevenção (Pishgar, 2021).

O estudo de Kulinan e coautores sobre monitoramento de segurança da força de trabalho em canteiros de obras por meio da integração entre BIM e visão computacional descreve o desenvolvimento de um sistema que combina imagens de câmeras de circuito fechado com modelos de informação da construção, utilizando algoritmos de detecção de objetos para identificar trabalhadores, classificar o uso de equipamentos de proteção individual e projetar a posição dos trabalhadores no modelo BIM, de modo a permitir a visualização em tempo quase real de situações inseguras e a análise posterior de dados históricos para aperfeiçoar o planejamento de segurança em obras (Kulinan, 2024). Segundo esse trabalho, a aplicação de visão computacional e BIM permitiu criar um "gêmeo de segurança" do canteiro, no qual gestores podem observar a movimentação de trabalhadores, verificar se capacetes e coletes estão sendo utilizados e identificar áreas com maior concentração de comportamentos de risco, abrindo caminho para que empresas da indústria da construção, inclusive na Flórida, empreguem ferramentas semelhantes para documentar o cumprimento de exigências normativas, justificar decisões de projeto orientadas à segurança e apoiar demonstrações de diligência em processos de fiscalização ou de compensação de trabalhadores (Kulinan, 2024).

A página do Center for Occupational Robotics Research, mantido pelo NIOSH, apresenta uma agenda de pesquisa voltada especificamente à segurança de trabalhadores que usam, vestem ou trabalham próximos a robôs, indicando que o centro monitora tendências de lesões associadas a tecnologias robóticas, avalia robôs como potenciais fontes de risco e também como possíveis intervenções para reduzir exposições humanas, define perfis de risco de ambientes robotizados e participa do desenvolvimento de normas de segurança para diferentes tipos de robótica, incluindo robôs colaborativos, veículos autônomos e exoesqueletos, muitos deles integrando componentes avançados de inteligência artificial (National Institute for Occupational Safety and Health, 2024b).

Esse documento enfatiza que o centro trabalha em parceria com outras agências e com a própria OSHA para elaborar orientações, identificar necessidades de pesquisa e disseminar boas práticas de interação segura entre humanos e robôs, reconhecendo que a introdução de tecnologias robotizadas e de IA nos locais de trabalho deve ser acompanhada de avaliações sistemáticas de risco, de atualizações de normas técnicas e de programas de treinamento específicos, o que é particularmente relevante para estados como a Flórida, que possuem setores intensivos em logística, portos, agricultura mecanizada e construção, todos passíveis de rápida automação (National Institute for Occupational Safety and Health, 2024b).

Ao articular as reflexões de Howard sobre o futuro do trabalho com as evidências empíricas sobre aplicações de IA em saúde ocupacional e as iniciativas institucionais voltadas à segurança em ambientes robotizados, torna-se possível vislumbrar um cenário em que empregadores floridianos, submetidos às exigências do OSH Act e às normas da OSHA, passem a utilizar sistemas inteligentes para monitorar exposições, detectar comportamentos de risco, documentar conformidade regulatória e apoiar decisões de engenharia e de organização do trabalho, desde que essas tecnologias sejam implementadas com atenção a questões éticas, de privacidade e de participação dos trabalhadores, sob pena de se transformarem em novas fontes de adoecimento e conflito em vez de instrumentos de promoção de ambientes de trabalho mais seguros (Howard, 2019).

CONSIDERAÇÕES FINAIS

A presente obra, sob uma abordagem descritivo-argumentativa, analisou o impacto da Inteligência Artificial (IA) na mitigação da insalubridade em ambientes laborais, especialmente em setores historicamente marcados por exposição a agentes nocivos, como a mineração, a construção civil, a indústria pesada e os serviços urbanos de limpeza. Ao longo da análise, foi possível verificar que a IA, quando implementada de forma ética, regulada e tecnicamente orientada, representa um vetor transformador para a reestruturação do mundo do trabalho com foco na saúde, na segurança e na dignidade humana.

A automação inteligente, aliada a sensores de monitoramento, algoritmos preditivos e plataformas de gestão de riscos, permite um redesenho das funções laborais. Assim, afasta o ser humano das tarefas mais perigosas, repetitivas e degradantes. Esse afastamento não apenas preserva a integridade física dos trabalhadores, mas também contribui para a valorização do trabalho e para a diminuição da judicialização decorrente da exposição a ambientes insalubres.

Foi possível concluir que o uso de tecnologias baseadas em IA não substitui integralmente a força de trabalho, mas a reconfigura, reposicionando o trabalhador como agente de controle, supervisão e qualificação. Esse deslocamento funcional demanda políticas de capacitação continuada e requalificação, a fim de evitar que a transição tecnológica amplie desigualdades sociais já existentes no mercado de trabalho brasileiro.

Da mesma forma, verifica-se que a IA tem papel relevante na esfera da Justiça do Trabalho, sobretudo ao permitir maior celeridade processual, precisão na produção de provas periciais e eficácia na fiscalização remota de condições laborais. A experiência do sistema Victor, implantado no Supremo Tribunal Federal, oferece parâmetros de replicabilidade para os tribunais trabalhistas ao demonstrar que o uso de algoritmos pode contribuir para uma atuação judicial mais resolutiva e preventiva.

Ademais, a IA possui enorme potencial para subsidiar políticas públicas voltadas à saúde ocupacional. A coleta contínua de dados ambientais e a análise em tempo real de variáveis como temperatura, ruído e presença de agentes tóxicos oferecem aos órgãos de fiscalização informações estratégicas para atuação imediata, superando as limitações estruturais históricas da inspeção do trabalho no Brasil.

Contudo, o estudo reconhece que a incorporação da IA nos ambientes de trabalho e na Justiça do Trabalho não está isenta de riscos e, desta forma, questões como proteção de dados, transparência algorítmica, vieses discriminatórios e ausência de regulamentação específica foram identificadas como entraves éticos e jurídicos que precisam ser enfrentados com urgência pelas instituições responsáveis. A ausência de um marco legal robusto que discipline o uso de IA em contextos laborais compromete a segurança jurídica e pode abrir margem para a utilização abusiva dessas tecnologias em detrimento dos direitos fundamentais dos trabalhadores. Desta forma, torna-se indispensável que o Direito do Trabalho acompanhe o ritmo da inovação tecnológica sem renunciar a seus princípios fundantes.

Nesta obra, propõe-se a formulação de uma regulação híbrida capaz de garantir segurança, inovação e justiça social. Essa regulação deve ser construída em diálogo com trabalhadores, empregadores, sindicatos, especialistas em tecnologia e instituições públicas, de modo a contemplar as especificidades de cada setor produtivo e assegurar a proteção integral da saúde dos trabalhadores.

Também restou evidenciado que a IA pode ser uma aliada na efetivação dos Objetivos de Desenvolvimento Sustentável da Agenda 2030 da ONU, especialmente os objetivos 8 e 9, que tratam de trabalho decente e inovação. A tecnologia, se utilizada com responsabilidade, pode contribuir para a redução da desigualdade social e a promoção de ambientes de trabalho mais seguros e inclusivos.

Indiscutivelmente, a IA comporta potencialidade para transformar a cultura organizacional das empresas. A adoção de tecnologias inteligentes, quando orientada por diretrizes éticas e acompanhada de formação técnica adequada, pode induzir mudanças estruturais na forma como as organizações gerenciam saúde e segurança, migrando de modelos reativos para estratégias preventivas e sustentáveis. Nesse processo, a Justiça do Trabalho assume um papel estratégico como agente de mediação entre inovação e direitos sociais, cuja atuação pode impulsionar uma cultura de proteção preventiva por meio do incentivo à adoção de boas práticas tecnológicas e da responsabilização de empregadores que negligenciem as normas de segurança em ambientes insalubres.

É fundamental destacar que a tecnologia não é neutra e seu impacto dependerá do contexto em que for implementada. Conforme argumentado por Schwab (2016) e Harari (2018), o modo como as sociedades regulam e integram as inovações tecnológicas determinará se estas serão ferramentas de libertação ou de opressão. Esse dilema ético permeou toda a análise aqui realizada. Neste sentido, torna-se evidente a necessidade de formação continuada dos operadores do Direito, dos engenheiros de segurança, dos gestores públicos e dos profissionais de tecnologia, para que compreendam os riscos, as limitações e as potencialidades da IA.

A análise reforça que o enfrentamento da insalubridade não pode mais prescindir do uso estratégico de tecnologias inteligentes, sendo certo que as soluções tradicionais se mostram insuficientes frente aos desafios contemporâneos, e a inovação, desde que orientada por princípios éticos e constitucionais, é caminho necessário para garantir saúde, justiça e dignidade no trabalho. No plano prático, a análise contida nessa obra pode servir de subsídio para a elaboração de políticas públicas voltadas à proteção da saúde do trabalhador, para a modernização do aparato normativo sobre insalubridade, bem como auxiliar empresas quanto a estruturação de ambientes de trabalhos seguros, eficientes e salubres. Deve-se considerar, ainda, o aperfeiçoamento dos mecanismos de fiscalização e atuação judicial.

Finalmente, reafirma-se que a Inteligência Artificial não deve ser compreendida como substituta do ser humano, mas como uma aliada no processo de humanização do trabalho, cujo uso responsável pode reduzir riscos, ampliar proteções e fortalecer os direitos sociais, desde que conduzido sob o primado da justiça e da equidade. Observa-se que a IA representa uma oportunidade concreta de transformar o ambiente de trabalho em um espaço mais seguro, digno e eficiente, mas, sobretudo, para que essa transformação se realize de forma plena, é necessário um compromisso coletivo com a regulação democrática, a transparência e o respeito à centralidade do ser humano na construção de um futuro laboral mais justo.

Aliado a isso, é essencial reconhecer que o julgamento de ações trabalhistas envolvendo insalubridade não pode se pautar por presunções genéricas ou por automatismos interpretativos. A existência de ambientes com potencial risco biológico, como banheiros coletivos, por exemplo, exige análise concreta com base na prova pericial devidamente realizada por profissional habilitado. Em que pese a jurisprudência dominante, especialmente após a edição da Súmula 448 do TST, orienta a atuação dos julgadores, mas não suprime a necessidade de avaliação técnica e individualizada em cada caso.

A realização de perícias judiciais se apresenta como ferramenta decisiva para o desfecho das demandas. Medidas eficazes por parte dos empregadores, como sanitários automatizados, protocolos de higienização e uso de tecnologias preditivas, podem afastar a caracterização da insalubridade. É nesse ponto que o Direito do Trabalho, aliado à tecnologia, encontra um campo fértil de racionalização e equilíbrio entre proteção ao trabalhador e segurança jurídica para o empregador.

Assim, conclui-se que o avanço da inteligência artificial no ambiente laboral, aliado à produção de prova técnica qualificada, não apenas contribui para a construção de ambientes mais seguros e modernos, como também fortalece os mecanismos de defesa empresarial, quando utilizados com responsabilidade, transparência e compromisso com a saúde do trabalhador.

Não se pode olvidar, ademais, que a análise comparada com os Estados Unidos, a partir do recorte da Flórida, evidencia que a tutela à saúde do trabalhador pode seguir caminhos normativos e institucionais distintos, sem perder de vista o objetivo comum de proteção da dignidade humana no trabalho. Enquanto o modelo brasileiro historicamente associa a insalubridade à caracterização técnico-jurídica e à compensação (bem como à intensa litigiosidade e centralidade da prova pericial), o contexto norte-americano tende a enfatizar padrões de segurança, deveres preventivos do empregador, fiscalização e conformidade regulatória, o que desloca o debate para estratégias contínuas de prevenção.

A Inteligência Artificial pode reduzir ou eliminar insalubridade, diminuir custos empresariais com o pagamento de adicional remuneratório previsto na legislação brasileira, antever riscos, e contribuir para decisões judiciais mais céleres. Nesse ponto, a Inteligência Artificial surge como ponte possível entre modelos: pode qualificar a gestão de riscos, fortalecer ações preventivas e produzir evidências técnicas mais consistentes, reduzindo a exposição a agentes nocivos antes que o dano se consolide. Assim, o recorte da Flórida não apenas complementa o estudo, mas reforça a necessidade de repensar, de forma crítica e responsável, como tecnologia, regulação e políticas públicas podem convergir para ambientes laborais mais seguros, com maior efetividade protetiva e menor dependência de respostas meramente reparatórias.

REFERÊNCIAS

Alcantara, Igor. (2023). The Ethics of Artificial Intelligence in the Workplace. Linkedin. Publicação em Rede Social.

Amorin, Ricardo. (2025). Banheiro público em Paris automatizado. Threads, 2025. Publicação em Rede Social Vídeo. Acesso em 17 de julho de 2025, https://www.threads.com/@ricamorim/post/DL5lMK0h65C/video-em-paris-banheiros-p%C3%BAblicos-totalmente-automatizados-realizam-higieniza%C3%A7%C3%A3o-compl

Antunes, Ricardo. (2018). Adeus ao trabalho? Ensaio sobre as metamorfoses e a centralidade do mundo do trabalho. 16. ed. São Paulo: Cortez.

Antunes, Ricardo. (2020). O privilégio da servidão: o novo proletariado de serviços na era digital. 2. ed. São Paulo: Boitempo.

Barros, Alice Monteiro de. (2017). Curso de Direito do Trabalho. 11. ed. São Paulo: Imprenta.

Brasil. Decreto-Lei nº 5.452, de 1º de maio de 1943. Aprova a Consolidação das Leis do Trabalho (CLT). Acesso em 01 de junho de 2025, https://www.planalto.gov.br/ccivil_03/decreto-lei/del5452.htm

Brasil. Decreto-Lei nº 5.452, de 1º de maio de 1943. Aprova a Consolidação das Leis do Trabalho (CLT). Acesso em 01 de junho de 2025, https://www.gov.br/trabalho-e-emprego/pt-br/assuntos/seguranca-e-saude-no-trabalho.

Brasil. Constituição (1988). Constituição da República Federativa do Brasil. Brasília, DF: Presidência da República. Acesso em 01 de junho de 2025, https://www.planalto.gov.br/ccivil_03/constituicao/constituicao.htm

Brasil. Lei nº 8.213, de 24 de julho de 1991. Dispõe sobre os Planos de Benefícios da Previdência Social.

Brasil. Código Civil. Lei nº 10.406, de 10 de janeiro de 2002.

Brasil. Código de Processo Civil. Lei nº 13.105, de 16 de março de 2015.

Brasil. Lei nº 13.467, de 13 de julho de 2017. Reforma Trabalhista.

Brasil. Lei nº 13.709, de 14 de agosto de 2018. Lei Geral de Proteção de Dados (LGPD).

Brasil. Portaria nº 6.730, de 9 de março de 2020. Aprova a nova redação da NR-1.

Brasil. Ministério do Trabalho e Emprego. Nova NR-1: Disposições Gerais. 2020.

Brasil. Senado Federal. Projeto de Lei nº 2.338/2023. Estabelece fundamentos, princípios e diretrizes para o desenvolvimento e a aplicação da inteligência artificial no Brasil.

Brasil. Tribunal Superior do Trabalho. Súmulas. Brasília, DF: Tribunal Superior do Trabalho, s.d. Base de dados jurídica. Acesso em 17 de julho de 2025, https://jurisprudencia.tst.jus.br/?tipoJuris=SUM&orgao=TST&pesquisar=1

Brynjolfsson, Erik; Mcafee, Andrew. (2014). A segunda era das máquinas. Rio de Janeiro: Alta Books.

Cabral, João Pedro Gomes; Rocha, Hudson Ferreira; Souza, Ana Paula Jesus; Oliveira, Danilo da Silva; Lima, Juliano Freire (2024). Direito e tecnologia: o uso da inteligência artificial na Justiça do Trabalho. Revista Foco, 17(12).

Catalini, Christian; Gans, Joshua S. (2020). Some Simple Economics of the Blockchain. MIT Sloan Research Paper.

Dejours, Christophe. (2011). A banalização da injustiça social. 7. ed. Rio de Janeiro: Fundação Getúlio Vargas.

Delgado, Maurício Godinho. (2020). Curso de Direito do Trabalho. 19. ed. São Paulo: LTr.

Domingos, Pedro. (2017). O algoritmo mestre: como a busca por um algoritmo pode mudar o mundo. São Paulo: Novatec.

Doneda, Danilo. (2019). Da privacidade à proteção de dados pessoais: elementos da formação da Lei Geral de Proteção de Dados. Rio de Janeiro: Revista dos Tribunais.

Eubanks, Virginia. (2018). Automating Inequality: How High-Tech Tools Profile, Police, and Punish the Poor. New York: St. Martin's Press.

European Commission. (2021). Proposal for a Regulation laying down harmonised rules on Artificial Intelligence (Artificial Intelligence Act). Brussels.

EU-OSHA – European Agency for Safety and Health at Work. (2021). The impact of artificial intelligence on occupational safety and health. Luxembourg: Publications Office of the European Union.

Ferreira, Geovana Magalhães. (2022). Inteligência artificial como auxiliar do poder judiciário: a experiência do sistema Victor no âmbito do STF [Trabalho de Conclusão de Curso de Graduação, Universidade Federal do Ceará].

Florida. (2000). The 2000 Florida Statutes: Chapter 442 Occupational Safety and Health. Tallahassee.

Florida. (2024). The 2024 Florida Statutes: Chapter 440 Workers' Compensation. Tallahassee.

Florida Department of Financial Services. (2024). Workers' Compensation Laws and Rules. Tallahassee.

Florida Department of Health. (2020). Florida Occupational Health and Safety Program: Fact Sheet. Tallahassee.

Florida Department of Health. (2022). Florida Occupational Health and Safety Program releases reports on work-related fatalities and costs. Tallahassee.

Florida Department of Health. (2023). Occupational Health Surveillance. Tallahassee.

Florida House of Representatives. (2021). HB 5B Florida Occupational Safety and Health State Plan Staff Final Bill Analysis. Tallahassee.

Garcia, Gustavo Filipe Barbosa. (2021). Direito Processual do Trabalho. 16. ed. São Paulo: Método.

Gusmão, Bráulio Gabriel. (2022, jan./jun.) Evolução tecnológica e inteligência artificial na Justiça do Trabalho. Revista do Tribunal Regional do Trabalho da 2ª Região, São Paulo, 14(27), pp. 111-121.

Haenlein, Michael; Kaplan, Andreas. (2019) A brief history of artificial intelligence: On the past, present, and future of artificial intelligence. California Management Review, 61(4).

Harari, Yuval Noah. (2018). 21 lições para o século 21. São Paulo: Companhia das Letras.

Howard, John. (2019). Artificial intelligence: implications for the future of work. American Journal of Industrial Medicine, 62(11), pp. 917-926.

ITATIAIA. (2024). BH terá banheiros públicos ao estilo de Paris; saiba onde serão instalados. Acesso em 17 de julho de 2025, https://www.itatiaia.com.br/cidade-conecta/2024/10/21/bh-tera-banheiros-publicos-ao-estilo-de-paris-saiba-onde-serao-instalados

Jurafsky, Daniel; Martin, James H. (2008). Speech and Language Processing. 3rd ed. Pearson.

Kulinan, Almo Senja; Park, Minsoo; Aung, Pa Pa Win; Cha, Gichun; Park, Seunghee. (2024). Advancing construction site workforce safety monitoring through BIM and computer vision integration. Automation in Construction, 158.

Lee, H.; Yoon, C. (2021). Application of Artificial Intelligence-Based Technologies in the Healthcare Industry: Opportunities and Challenges. National Library os Medicine,18(1).

Leite, Carlos Henrique Bezerra. (2023). Curso de Direito do Trabalho. 15. ed. São Paulo: Saraiva.

Lopes, Eduardo Alcântara; Pivatto, Caio. (2023). Tecnologia na Justiça do Trabalho: o uso das provas digitais. Acesso em 09 de julho de 2025, https://

analise.com/opiniao/tecnologia-na-justica-do-trabalho-o-uso-das-provas-digitais

Machado, Fernanda de Vargas; Colombo, Cristiano. Inteligência artificial aplicada à atividade jurisdicional. (2021). Revista da Escola Judicial do TRT4, [S. l.], 3(5), pp. 117–141.

Ministério do Trabalho e Emprego. Norma Regulamentadora nº. 15 (NR-15). Acesso em 14 de julho de 2025, https://www.gov.br/trabalho-e-emprego/pt-br/acesso-a-informacao/participacao-social/conselhos-e-orgaos-colegiados/comissao-tripartite-partitaria-permanente/normas-regulamentadora/normas-regulamentadoras-vigentes/norma-regulamentadora-no-15-nr-15

Moreira, Samantha Caroline Ferreira; Fernandes, Ricardo Augusto. (2020, out./dez.). A aplicabilidade da inteligência artificial ao processo do trabalho e a segurança jurídica. Revista do Tribunal Superior do Trabalho, 86(4).

MPT – Ministério Público do Trabalho. (2022). Observatório de Segurança e Saúde no Trabalho. Acesso em 01 de junho de 2025, https://smartlabbr.org/sst

National Institute for Occupational Safety and Health. (2024a). About NIOSH. Atlanta.

National Institute for Occupational Safety and Health. (2024b). Center for Occupational Robotics Research. Atlanta.

Occupational Safety and Health Administration. (2024a). OSHA: All About OSHA. Washington, DC.

Occupational Safety and Health Administration. (2024b). State Plans. Washington, DC.

Occupational Safety and Health Administration. (2024c). Florida OSHA Area Offices. Washington, DC.

Occupational Safety and Health Administration. (2024d). On-Site Consultation Program. Washington, DC.

Occupational Safety and Health Administration. (2024e). Safety and Health Advice You Can Trust for Your Small Business. Washington, DC.

OIT – Organização Internacional do Trabalho. (2019). Normas internacionais do trabalho. Genebra: OIT.

OIT – Organização Internacional do Trabalho. (2021). Digital labour platforms and the future of work. Genebra: OIT.

OIT – Organização Internacional do Trabalho. (2025). IA e digitalização estão transformando a segurança e a saúde no trabalho. Acesso em 12 de junho de 2025, https://www.ilo.org/pt-pt/resource/news/ia-e-digitalizacao-estao-transformando-seguranca-e-saude-no-trabalho

Oliveira, Maria Aparecida Rodrigues Oliveira et al. (2023). O impacto da inteligência artificial no mundo do trabalho. Revista Multidisciplinar do Nordeste Mineiro, 12(1).

OMS – Organização Mundial da Saúde. (2022). Mental health at work: policy brief. Genebra: WHO.

Peck, Patrícia. (2021). Direito Digital: O impacto da tecnologia na sociedade e no mundo jurídico. 7. ed. São Paulo: Saraiva.

Pishgar, Maryam; Issa, Salah F.; Sietsema, Margaret; Pratap, Preethi; Darabi, Houshang. REDECA: a novel framework to review artificial intelligence and its applications in occupational safety and health. International Journal of Environmental Research and Public Health, 18(13), pp. 6705, 2021.

Prefeitura de Belo Horizonte. (2025). Prefeitura inaugura primeiro banheiro autolimpante de Belo Horizonte. Acesso em 17 de julho de 2025, https://prefeitura.pbh.gov.br/noticias/prefeitura-inaugura-primeiro-banheiro-autolimpante-de-belo-horizonte

Ramos, Janine Vilas Boas Gonçalves. (2022). Inteligência artificial no Poder Judiciário Brasileiro: projetos de IA nos tribunais e o sistema de apoio ao processo decisório judicial. São Paulo: Dialética.

Russell, Stuart; Norvig, Peter. (2020). Artificial Intelligence: A Modern Approach. 4th ed. New Jersey: Pearson.

SafetyFlorida. (2023). SafetyFlorida: Overview. Tampa.

Santos, Karoline Barbosa. (2025). Da eficiência à ética: o uso de inteligência artificial no Judiciário brasileiro. Acesso em 01 de julho de 2025, https://www.migalhas.com.br/depeso/433321/eficiencia-e-etica-no-uso-da-inteligencia-artificial-no-judiciario. Acesso em: 01 jul. 2025.

Shah, Immad A. (2024). Artificial intelligence in advancing occupational health and safety: an encapsulation of developments. Journal of Occupational Health, 66(1).

SchiavI, Mauro. (2022). Curso de Direito do Trabalho. 18. ed. São Paulo: LTr.

Schwab, Klaus. (2016). A quarta revolução industrial. São Paulo: Edipro.

Secrets os Paris. (n.d.). Banheiros públicos. Acesso em 17 de julho de 2025, https://secretsofparis-com.translate.goog/practical/restrooms/?_x_tr_sl=en&_x_tr_tl=pt&_x_tr_hl=pt&_x_tr_pto=tc

Souza, Adriana Lúcia Muniz de. (2021). A aplicação da inteligência artificial no Poder Judiciário e a eficiência. ENAJUS.

Souza, Rodrigo Lemos de. (2022). Inteligência artificial, trabalho e direitos fundamentais. Belo Horizonte: Fórum.

Souza, Keli Alves de. (2024, abr.). Provas digitais no processo do trabalho: obtenção e utilização pelo magistrado. Revista Eletrônica do TRT-PR. Curitiba: TRT-9ª Região, 13(130).

Susskind, Daniel. (2020). A World Without Work: Technology, Automation, and How We Should Respond. New York: Metropolitan Books.

Toledo, Cláudia; Pessoa, Daniel. (2023). O uso da inteligência artificial na tomada de decisão judicial. Rev. Investig. Const., 10(1).

Topol, Eric. (2019). Deep Medicine: How Artificial Intelligence Can Make Healthcare Human Again. New York: Basic Books.

United States. (1970). Occupational Safety and Health Act of 1970. Washington, DC.

United States Department of Labor. (2024a). Employment Law Guide: Occupational Safety and Health. Washington, DC.

United States Department of Labor. (2024b). Workplace Safety and Health. Washington, DC.

United States Environmental Protection Agency. (2025). Summary of the Occupational Safety and Health Act. Washington, DC.

University of South Florida. (2021). Portside Maintenance and Repair Reduces Workplace Hazards with Help from USF SafetyFlorida. Tampa.

University of South Florida. (2023a). SafetyFlorida: Overview. Tampa.

University of South Florida. (2023b). SafetyFlorida Consultation Program. Tampa.

University of South Florida. (2023c). About Us. Tampa.

Zuboff, Shoshana. (2021). A era do capitalismo de vigilância. São Paulo: Intrínseca.

Made in the USA
Monee, IL
04 November 2026

67377524R00089